**TnD북스**[Truth and Disciples Books]는 하나님을 바로 아는 **지식**과 구원에 감격
하는 **정서**와 경건을 실천하는 **의지**가 균형 잡힌 신앙으로 안내하는 책을 만듭니다.

# 너는
# 내 것이라

# 너는 내 것이라

## 너는 내 것이라

김진성 지음

마가복음 설교집

TnD북스

우리의 도움은

천지를 지으신 여호와의 이름에 있도다.

시편 124:8

죽기까지 우리를 사랑하신 예수님이
죽는 순간까지 우리에게 하신 말씀
너는 내 것이라

# 목차

왜 예수님은 귀신 들린 자를 향하여 그 귀신의 이름이 무엇인지 물으셨을까? 왜 거라사인들은 예수님이 군대 귀신을 내쫓으신 사건 앞에 기쁨과 감사로 화답하지 않고 예수님께 떠나달라고 간청하였을까?

왜 예수님은 "사탄아! 내 뒤로 물러가라!"는 그토록 강한 어조로 베드로를 질책하셨을까?

변화산에서 영광의 모습을 보이신 후에, 왜 예수님은 제자들에게 이 사건을 예수님이 부활하시기 전까지 아무에게도 전하지 말라고 하셨을까?

하나님의 나라는 어린 아이와 같은 자들의 것이라고 하셨는데, 그렇다면 어린 아이와 같은 자들은 어떤 자들일까?

왜 예수님은 부자 청년에게 가진 재산을 모두 팔아 가난
한 자에게 준 후에 예수님을 따르라고 말씀하셨을까? 믿음
이 아니라 행위로 구원받는다는 말일까? 부자는 하나님의
나라에 들어갈 수 없다는 말일까?

가이사의 것은 가이사에게, 하나님의 것은 하나님께 바
치라는 예수님의 간단한 대답에 왜 바리새인들과 헤롯당
은 놀라서 아무 말도 하지 못하였을까? 십일조 생활을 잘
하라는 대답이 아니었을까?

예수님이 십자가에서 큰 소리를 지르고 숨을 거두시는
모습을 보고, 왜 백부장은 예수님이 하나님의 아들이라고
고백하였을까?

마가복음 설교를 준비하며, 마가에게 예수님을 증언하였을 베드로 사도의 마음을 헤아려 보았습니다. 그 증언을 들었을 마가의 감격을 그리며 마가복음의 말씀을 상고해 보았습니다. 그리고 설교자로서 목자로서 사도 베드로와 바울의 경고를 경계로 삼으며 마가복음의 말씀을 풀어 보려 합니다.

그 중에 알기 어려운 것이 더러 있으니, 무식한 자들과 굳세지 못한 자들이 다른 성경과 같이 그것도 억지로 풀다가 스스로 멸망에 이르느니라(벧후 3:16).

기록된 말씀 밖으로 넘어가지 말라(고전 4:6).

이 책과 함께 측량할 수 없는 예수님의 사랑을 깨닫고, 담대함과 확신을 가지고, "너는 내 것이라"고 선언하신 예수님을 따르는 우리 모두가 되기를 기도합니다.

그 너비와 길이와 높이와 깊이가 어떠함을 깨달아

하나님의 모든 충만하신 것으로 너희에게 충만하게

하시기를 구하노라(엡 3:19).

2014. 5. 30

김진성

# 1

## 내 뒤로 물러가라

## 8장 27-38절

[27] 예수와 제자들이 빌립보 가이사랴 여러 마을로 나가실새 길에서 제자들에게 물어 이르시되 사람들이 나를 누구라고 하느냐 [28] 제자들이 여짜와 이르되 세례 요한이라 하고 더러는 엘리야, 더러는 선지자 중의 하나라 하나이다 [29] 또 물으시되 너희는 나를 누구라 하느냐 베드로가 대답하여 이르되 주는 그리스도시니이다 하매 [30] 이에 자기의 일을 아무에게도 말하지 말라 경고하시고 [31] 인자가 많은 고난을 받고 장로들과 대제사장들과 서기관들에게 버린바 되어 죽임을 당하고 사흘 만에 살아나야 할 것을 비로소 그들에게 가르치시되 [32] 드러내 놓고 이 말씀을 하시니 베드로가

예수를 붙들고 항변하매 <sup>33</sup> 예수께서 돌이키사 제자들을 보시며 베드로를 꾸짖어 이르시되 사탄아 내 뒤로 물러가라 네가 하나님의 일을 생각하지 아니하고 도리어 사람의 일을 생각하는도다 하시고 <sup>34</sup> 무리와 제자들을 불러 이르시되 누구든지 나를 따라오려거든 자기를 부인하고 자기 십자가를 지고 나를 따를 것이니라 <sup>35</sup> 누구든지 자기 목숨을 구원하고자 하면 잃을 것이요 누구든지 나와 복음을 위하여 자기 목숨을 잃으면 구원하리라 <sup>36</sup> 사람이 만일 온 천하를 얻고도 자기 목숨을 잃으면 무엇이 유익하리요 <sup>37</sup> 사람이 무엇을 주고 자기 목숨과 바꾸겠느냐 <sup>38</sup> 누구든지 이 음란하고 죄 많은 세대에서 나와 내 말을 부끄러워하면 인자도 아버지의 영광으로 거룩한 천사들과 함께 올 때에 그 사람을 부끄러워하리라.

예수님은 제자들에게 자신이 어떤 존재이신지를 구체적으로 가르쳐 주셨지만, 앞으로 하셔야 할 일에 대해서는 비유적으로만 말씀하셨습니다. 그런데 마가복음 8장 후반부에서 예수님은 직격탄으로, 비유 없이 구체적으로 그리고 직접 대속의 죽으심과 부활하심에 대하여 말씀하십니다. 그러면서 마가복음은 일종의 터닝 포인트를 만납니다.

길 가던 중에 예수님이 제자들에게 질문하십니다.

"사람들이 나를 누구라고 부르더냐?"

제자들이 대답합니다.

"세례 요한이라 합니다."

"엘리야 선지자라 합니다."

"모세가 예언했던 그 선지자라고도 합니다."

그때 예수님이 또 물으십니다. 함께 기도하던 중이거나 예배드리던 중이 아니라, 길을 걸어가는 중에 물으십니다.

"그래 세상 사람들은 그렇게 얘기하는데, 너는 나를 누구라고 생각하느냐? 나와 함께 먹고 자고, 근 3년을 같이 했던 너는 나를 누구라고 보느냐?"

베드로가 고백합니다.

"주는 살아계신 하나님의 아들이요, 그리스도이십니다."


마태복음에서는 이 대화에 이어서 이런 장면이 기록됩니다. 예수님이 베드로에게 말씀하십니다.

"복되도다. 그러한 신앙고백, 그러한 내용을 알게 한 이는 네가 아니라 하늘에 계신 아버지이다. 하나님 아버지가 너에게 주신 것이다. 내가 그 신앙고백 위에 내 교회를 세우리라."

그리고 그 다음에 예수 그리스도의 십자가 고난 사역에 대하여 말씀하십니다.

그런데 마가복음에서는 이 내용이 빠져 있습니다. 왜 빠져 있을까요?

마가복음의 저자는 베드로의 제자인 마가입니다. 그래서 마가복음에 나와 있는 대부분의 내용은 마가가 베드로 사도에게서 들은 것을 성령의 감동을 받아 기록한 것입니다.

그렇다면 베드로 사도는 마가에게 "교회를 세우리라"는 내용을 전하지 않았던 것일까요? 왜 마태복음은 기록하고 있는 교회를 세우리라는 내용이 마가복음에서는 빠져 있는 것일까요? 왜 갑자기 내용의 전개가 예수 그리스도의 십자가 고난으로 점프를 해서 바로 들어간 것일까요?

예수님의 십자가 고난이 베드로에게 너무나도 큰 충격이었고, 이를 전해 들은 마가 또한 그렇게 반응하지 않았을까 생각됩니다. 나이가 많이 들은 순교 직전의 베드로는 아마도 제자들에게 이렇게 말했을 것입니다.

"나의 주 예수 그리스도께서 십자가에 달려 못박혀 죽으시기 전 어느 날이었습니다. 길을 걸어가던 중, 주님이 갑자기 물으셨습니다. 세상 사람들은 나를 누구라고 부르나고 그리고 너는 나를 누구라고 부르냐고 물으셨습니다. 나는, 주는 그리스도시라고 대답했습니다. 그런데 나의 대답을 들으신 주님은 충격적인 말씀을 하셨습니다. 얼마 지나지 않아 주님이 십자가에 달려서 죽으실 것이라고 하셨습니다. 나에게 진정으로 충격적인 사건이었습니다. 그 말씀은 평생에 내 마음에 새겨졌고, 나를 지금까지 움직이게 했습니다."

예수님의 십자가 고난을 들은 베드로가 뭐라고 합니까?
"주여 그렇게 마옵소서. 주는 하나님의 아들입니다. 하나님께서 보내신 메시아 그리스도시요, 우리의 구주이신데, 구주께서 무엇이 부족하고 무슨 능력이 부족하여 권세자들, 유대교의 종교 지도자들, 이스라엘 백성들의 손에 넘겨져 십자가에서 죽으셔야만 합니까? 우리를 구원하신다는 주님께서 왜 붙잡혀 가십니까? 왜 십자가에서 죽음을 당하셔야 합니까? 우리는 어쩌라고 그러십니까?"
베드로가 외칩니다. 너무나도 당연한 베드로의 외침이 아닙니까? 그때 예수님이 말씀하십니다.

"사탄아, 내 뒤로 물러가라."

얼핏보면 예수님이 베드로를 사탄이라고 부르신 것 같습니다. 그러나 예수님은 베드로를 향해서 "사탄아"라고 하신 것이 아닙니다. 베드로를 책망하신 것도 아닙니다. 그러나 베드로의 영적인 안목을 닫아 버린 사탄에게 하신 말씀이었습니다. 베드로가 예수님의 말씀을 이해하지 못하도록, 구주의 모습을 보지 못하도록 베드로의 영안을 가리고 있던 사탄에게 하시는 질책이었습니다.

"베드로를 가리고 있는 너, 사탄아 너는 베드로 쪽에 붙어 있지 말고, 내 뒤로 오라. 더 이상 내 제자를 혼란스럽게 하지 말라."

이것이 예수님의 은혜입니다. 그냥 "물러가라"라고 하신 것이 아닙니다. 저쪽으로 잠깐 피해 갔다가 틈을 타서 베드로를 다시 공격하지 못하도록 구체적으로 사탄에게 명령하십니다.

"너는 내 뒤로 오라. 내 발꿈치를 물으라. 더 이상 내 사랑하는 제자 베드로를 혼란스럽게 만들지 말라. 너는 내 발꿈치를 물으라."

자신의 제자를 사랑하시는 예수님의 외침이요, 명령이었습니다.

그러나 그때는 베드로가 몰랐습니다. 왜 나를 향하여 사탄이라고 부르셨는지, 왜 나를 향하여 큰소리로 외치셨는지, 꾸지람을 하셨는지 그때는 몰랐습니다. 그러나 나중에 알았습니다. 예수님의 그 외침이 나를 향한 사랑의 외침이었다는 것을, 나를 보호하시기 위함이었다는 것을 나중에 알게 됩니다.

그리고 왜 예수님이 십자가 죽음의 길을 가셔야 하는지도 그때는 베드로가 몰랐습니다. 아니 베드로뿐만 아니라 그곳에 함께 있었던 다른 제자들도 몰랐습니다. 예수님이 그리스도로서 자신들을 구원하실 것에 대해서는 분명히 들었지만, 왜 죽기까지 하셔야 하는지 그때는 도대체 이해할 수가 없었습니다.


지금 베드로는 자기가 보아야 할 것을 보지 못했고, 들어야 할 것을 듣지 못했습니다. 무엇을 보지 못하고 무엇을 듣지 못했습니까?

첫째로 예수님의 메시아 사역의 참 뜻을 깨닫지 못했습니다. 베드로는 예수님이 메시아로서 왜 구속사역을 성취하셔야 하는지 이해하지 못하였기에, 그 방법 또한 받아들일 수가 없었습니다. 하나님의 공의를 만족시킬 대속의 희생제물, 흠이 없는 제물이 되시기 위하여 완전하신 하나님이며 완전하신 사람인 예수님이 친히 행하실 그 대속제물의 길을 베드로는 알지 못했습니다. 왜 예수님이 붙잡혀 십자가에 달리셔야 하는지, 왜 피를 다 쏟으면서 구속의 역사를 성취하셔야 하는지 베드로는 이해하지 못했습니다.

둘째로 베드로는 완전한 순종을 몰랐습니다. 죽기까지 행하시는 하나님 아버지에 대한 성자 예수님의 순종, 성부 하나님의 언약의 성취를 위한 성자 하나님의 순종을 베드로는 이해하지 못했습니다.

겟세마네 동산에서 예수님이 이렇게 외치십니다.

"아버지여, 내 아버지여, 나에게 주시는 이 고난의 잔이 너무 괴롭습니다. 거룩하신 하나님이 싫어하시는 죄가 얼마나 악하고 끔찍한지 알기에 고통스럽습니다. 할 수만 있다면 나에게서 이 잔을 멀게 하옵소서. 내가 마시지 않게 하옵소서. 그러나 내 뜻대로 하지 마옵시고, 아버지의 뜻대로 하옵소서.”

우리가 마셔야 할 고난의 잔을 예수님이 다 마시셨습니다. 우리가 죽기까지 매달려야 할 그 십자가에 주님께서 매달리셨습니다. 예수님은 이렇게 말씀하지 않으셨습니다. “하나님, 대강 이 정도만 하면 되지 않겠습니까? 전능자인 내가 맛만 보아도 될텐데, 굳이 왜 다 마시게 하십니까? 천지를 말씀으로 창조하신 하나님께서 이번에도 말씀으로 하시지, 왜 굳이 아픈데 손과 발에 못을 박아야 합니까?”

하나님의 말씀은 한 점의 타협 없이 하나님의 방법으로, 말씀 그대로 이루어집니다. 그러나 베드로는 이것을 이해하지 못했습니다. 성부 하나님의 구원 계획에 대한 순종, 자기 백성의 대속을 위하여 흠이 없는 예수님이 죄인의 자리에 서기 위하여 십자가에 달려 죽기까지 하시는 그 순종을 이해하지 못했습니다.

셋째로 베드로가 이해하지 못했던 것은 하나님과 연합됨입니다. 그리스도를 좇는다는 것, 그리스도를 따라간다는 것, 그리스도의 제자가 된다는 것은 그리스도와 하나됨, 즉 그리스도와의 연합을 뜻합니다. 그리고 이 연합은 그리스도의 새 언약의 완성, 즉 십자가의 대속을 통하여 이루어집니다.

따라서 제자의 삶, 예수 그리스도를 따라가는 삶이란 자기를 부인하고 예수 그리스도께서 걸어가신 십자가의 길을 좇아 걸어가는 삶입니다. 그러나 베드로는 이것을 이해하지 못했습니다. 제자의 삶을 살기는 원했지만, 그 제자의 길을 예수님이 십자가의 고난으로 예비하시는 것과 그 제자가 걸어가야 하는 길이 어떤 길인지는 이해하지 못했습니다.

앞으로 예수님이 당할 메시아의 십자가 고난에 대하여 들은 베드로에게 예수님은 이어서 또 말씀하십니다.

"누구든지 나를 따르려거든, 나의 제자가 되려거든 그냥 '나는 예수의 제자입니다'하고 입술로만 맹세하는 것이 아니라, 내가 걸어가는 십자가 고난의 길을 같이 걸어가야 한다. 말로만 하는 것이 아니라, 너의 삶으로 행하며 나의 길을 좇아야 한다. 누구든지 나의 제자가 되려거든 너 자신을 부인하라. 그리고 십자가를 지고 나를 따르라.”

“너는 나를 누구라고 하느냐?”

예수님이 먼저 가신 길을 따라가는 것이 제자가 가야 할 길인 것을 체험적으로 알려 주시기 위해서 주님은 길을 걸어가는 중에 베드로에게 물으셨던 것입니다.

그런데 예수님이 십자가에서 죽으시자, 베드로는 모든 것을 포기하고, 남은 제자들과 함께 다시 고기를 잡으러 갈릴리 바다로 갑니다. 밤새 아무것도 잡지 못하고 날이 새어갈 때에, 한 사람이 그물을 배 오른편에 던지라는 말을 합니다. 그리고 그 말대로 하여 많은 고기를 잡게 된 것을 보고 사도 요한이 형 베드로에게 외칩니다.

“저기, 주님이 서 계십니다.”

요한의 외침을 들은 베드로가 어떻게 합니까? 입고 있던 겉옷으로 얼굴을 가리고 물속으로 뛰어듭니다. 그리고 예수님께로 급히 수영을 하여 갑니다.

"내가 모른다고 부인했던 내 주 예수 그리스도께서 저기에 계시는구나. 내가 세 번씩이나 부인했던 주님께 빨리 가서 '잘못했습니다. 주님'하고 용서를 구해야 되."

베드로는 감히 자기 얼굴을 들어 예수님께 보일 면목이 없어서 겉옷으로 얼굴을 가리고 물속에 뛰어듭니다. 그리고 다른 제자들이 도착하기 전에 베드로가 먼저 주님을 만납니다. 이것이 요한복음 21장의 장면입니다.

친히 떡과 생선을 마련하여 아침을 먹여 주신 후, 예수님이 말씀하십니다.

"베드로야, 네가 나를 사랑하느냐?"

"네가 나를 사랑하느냐?"

"네가 나를 사랑하느냐?"

주님은 이렇게 세 번이나 물으시며, 베드로가 예수님을 세 번 부인하였던 허물을 용서해 주십니다.


베드로는 나중에 나이가 들어 회고합니다.

"나의 주님께서 길을 가실 때, 나에게 물으셨습니다. '너는 나를 누구라고 생각하느냐?' 내가 '주는 살아계신 하나님의 아들이요, 그리스도이십니다'라고 고백했습니다. 그때 주님께서 나에게 주님이 성취하실 십자가 구속의 역사에 대하여 말씀해 주셨습니다. 그러나 나는 절대로 그럴 수 없다며, 주의 손을 붙들고 간청했습니다. '주님 그렇게 하지 마옵소서.' 그러자 주님께서 나에게 말씀하셨습니다. '사탄아, 내 뒤로 물러가라. 그리고 더 이상 내 제자 베드로를 괴롭게 하지 말라. 대신에 내 발꿈치를 물으라. 그러나 나는 네 머리를 상하게 하리라. 내가 사랑하는 나의 제자 베드로를 더 이상 괴롭히지 못하게 하리라.'"

예수님이 이처럼 베드로를 사랑하셨습니다.

베드로는 주님의 이 말씀을 기억하며 베드로전서 2장을 기록하였을 것이라 생각합니다.

> 사람에게는 버린 바가 되었으나 하나님께는 택하심
> 을 입은 보배로운 산 돌이신 예수께 나아가, 너희도
> 산 돌같이 신령한 집으로 세워지고 예수 그리스도
> 로 말미암아 하나님이 기쁘게 받으실 신령한 제사를

드릴 거룩한 제사장이 될지니라. 성경이 기록되었으되, 보라 내가 택한 보배로운 모퉁잇돌을 시온에 두노니 그를 믿는 자는 부끄러움을 당하지 아니하리라 하였으니, 그러므로 믿는 너희에게는 보배이나 믿지 아니하는 자에게는 건축자들이 버린 그 돌이 모퉁이의 머릿돌이 되고, 또한 부딪치는 돌과 걸려 넘어지게 하는 바위가 되었다 하였느니라. 그들이 말씀을 순종하지 아니하므로 넘어지나니 이는 그들을 이렇게 정하신 것이라. 그러나 너희는 택하신 족속이요 왕 같은 제사장들이요 거룩한 나라요 그의 소유가 된 백성이니 이는 너희를 어두운 데서 불러내어 그의 기이한 빛에 들어가게 하신 이의 아름다운 덕을 선포하게 하려 하심이라. 너희가 전에는 백성이 아니더니 이제는 하나님의 백성이요 전에는 긍휼을 얻지 못하였더니 이제는 긍휼을 얻은 자니라(벧전 2:4-10).


베드로가 자신의 인생을 돌이켜 보니, 예수님이 사람들

에게 버림을 당하시고 십자가에서 죽게 되신다는 그 말씀이 그에게 걸림돌이었다는 것을 알았습니다. 베드로가 주님을 모시고 따르는 것의 걸림돌이 되었고 망설여짐이 되었었다는 것을 알았습니다.

베드로가 고백합니다.

"나는 예수님이 하신 말씀을 제대로 이해하지 못했었습니다. 그래서 예수님이 십자가 대속의 길, 희생의 길을 분명히 걸어가야 한다고 하셨을 때, 그 사실 자체가 나에게 걸림돌이 되어서 시험이 되었습니다. 나는 그런 주님을 원했던 것이 아니었습니다. 더구나 나는 주님의 그런 모습을 따라가고 싶지도 않았습니다. 그러나 지금 지내놓고 보니, 그것이 아니었습니다. 나에게 걸림돌이 되었던 십자가의 예수 그리스도는 하나님께서 나에게 보내 주신 생명의 산돌이었습니다. 나의 죄를 깨끗이 씻어 주신 제사장이었고, 내 죄를 감당하신 희생의 어린양이었습니다. 내가 일평생 주를 위하여 달려가다가 이제 주 안에서 편히 쉴 때가 가까워지니 확실히 고백합니다."

사도 베드로가 우리에게 묻습니다.

"성도여, 당신은 예수 그리스도를 당신의 걸림돌로 생각합니까? 아니면 생명의 산 돌로 여기십니까?"

성령의 감동함을 받은 베드로가 베드로전서 2장을 통하여 우리에게 또 묻습니다.

"예수 그리스도를 믿으면 그 돌은 당신에게 산 돌이요, 예수 그리스도를 믿지 않으면 그 돌은 당신에게 걸림돌입니다. 당신은 어느 곳에 서겠습니까?"

우리는 그리스도 편에 선 자들입니다. 그래서 우리는 그리스도께서 행하셨던 완전한 순종의 길을 따라가야 합니다. 물론 순종하려고 할 때마다 참으로 많은 장애물이 우리를 가로 막을 것입니다. 예수님이 명령하신 일들이 우리가 예수님을 따르는 데 걸림돌처럼 느껴질 수가 있습니다. 그러나 모든 장애물은 근본적으로 나의 연약함에 있음을 고백해야 합니다.

"하나님, 나를 도와주세요. 나를 이 연약함에서 끄집어내 주세요. 나를 더 이상 이 연약 가운데, 미련 가운데 내버려

두지 마시고, 나를 건져 주세요."

저와 여러분의 고백입니다.

제자가 되는 일은 입으로만 하는 것도, 머리로만 하는 것도 아니라, 나의 삶을 통해서 실천하는 것입니다. 제자가 된다는 것은 사랑하는 제자를 위하여 자신의 발꿈치를 물으라며 스스로를 희생하신 예수 그리스도의 증인이 되는 것을 뜻합니다.

오늘 마가복음을 통하여 하나님의 성령을 우리에게 부어 주시사, 예수님이 우리에게 길을 걸어가시며 다시 질문하십니다.

"너는 나를 누구라 생각하느냐?"

2

네 이름이 무엇이냐

## 5장 1-20절

[1] 예수께서 바다 건너편 거라사인의 지방에 이르러 [2] 배에서 나오시매 곧 더러운 귀신 들린 사람이 무덤 사이에서 나와 예수를 만나니라 [3] 그 사람은 무덤 사이에 거처하는데 이제는 아무도 그를 쇠사슬로도 맬 수 없게 되었으니 [4] 이는 여러 번 고랑과 쇠사슬에 매였어도 쇠사슬을 끊고 고랑을 깨뜨렸음이러라 그리하여 아무도 그를 제어할 힘이 없는지라 [5] 밤낮 무덤 사이에서나 산에서나 늘 소리 지르며 돌로 자기의 몸을 해치고 있었더라 [6] 그가 멀리서 예수를 보고 달려와 절하며 [7] 큰 소리로 부르짖어 이르되 지극히 높으신 하나님의 아들 예수여 나와 당신이 무슨 상관이 있

나이까 원하건대 하나님 앞에 맹세하고 나를 괴롭히지 마옵소서 하니 8 이는 예수께서 이미 그에게 이르시기를 더러운 귀신아 그 사람에게서 나오라 하셨음이라 9 이에 물으시되 네 이름이 무엇이냐? 이르되 내 이름은 군대니 우리가 많음이니이다 하고 10 자기를 그 지방에서 내보내지 마시기를 간구하더니 11 마침 거기 돼지의 큰 떼가 산 곁에서 먹고 있는지라 12 이에 간구하여 이르되 우리를 돼지에게로 보내어 들어가게 하소서 하니 13 허락하신대 더러운 귀신들이 나와서 돼지에게로 들어가매 거의 이천 마리 되는 떼가 바다를 향하여 비탈로 내리달아 바다에서 몰사하거늘 14 치던 자들이 도망하여 읍내와 여러 마을에 말하니 사람들이 어떻게 되었는지를 보러 와서 15 예수께 이르러 그 귀신 들렸던 자 곧 군대 귀신 지폈던 자가 옷을 입고 정신이 온전하여 앉은 것을 보고 두려워하더라 16 이에 귀신 들렸던 자가 당한 것과 돼지의 일을 본 자들이 그들에게 알리매 17 그들이 예수께 그 지방에서 떠나시기를 간구하더라 18 예수께서 배에 오르실 때에 귀신 들렸던 사람이 함께 있기를 간구하였으나 [19] 허락하지 아니하시고 그에게 이르시되 집으로 돌아가 주께서 네게 어떻게 큰일을 행하사 너로 불쌍히 여기신 것을 네 가족에게 알리라 하시니 [20] 그가 가서 예수께서 자기에게 어떻게 큰일 행하셨는지를 데가볼리에 전파하니 모든 사람이 놀랍게 여기더라.

거라사인의 지방은 돼지를 키우는 곳으로 유명한 지역이었습니다. 유대인들이 돼지고기를 부정한 것으로 여기고 먹지 않았던 것으로 유추해 보았을 때, 유대인들에게 거라사인의 지방은 이방인 중의 이방인들이 거주하는 지역이었습니다. 그런데 예수님이 거라사인의 지방에 들어가십니다. 하나님 나라의 복음을 전하기 위하여 직접 들어가십니다.

예수님이 거라사인의 지방에 도착하여 배에서 내리시자마자 더러운 귀신 들린 사람이 예수님을 만나러 달려옵니다. 3절부터 묘사된 그 귀신 들린 자의 비참함을 먼저 보겠습니다.

그가 사는 곳은 어디입니까? 무덤 사이입니다. 무덤은
어떤 곳입니까? 죽은 사람이 가는 곳, 시체들이 가는 곳입
니다. 그런데 이 귀신 들린 사람이 무덤 사이에서 살았다
고 합니다. 죽은 자가 가야 할 자리에 산 사람이 가 있다는
것입니다. 그리고 아무도 쇠사슬로도 맬 수 없는 자라고
합니다. 자신을 스스로 통제하지 못할 뿐만 아니라 다른
사람들도 그를 통제할 제간이 없었습니다. 밤낮 무덤 사이
에서, 산에서 소리를 지르고 돌로 자기 몸을 해치며 살았
습니다.

이것이 정상적인 사람의 모습입니까? 산 사람의 모습입
니까? 아닙니다. 그런데 그가 멀리서 예수님이 배에서 내
리시는 것을 보고 달려갑니다. 군대 귀신에 눌려서 끙끙
앓고 있는 그 사람의 영이 멀리서 자신을 구원하실 분이
오시는 것을 보고 모든 힘을 다하여 예수님께 달려갑니다.
그리고 그 발 앞에 절을 합니다.

12년 동안 혈루증을 앓고 있던 여인이 저 분의 옷자락
만 잡아도 되겠다 라는 신념 하나에 온 힘을 다하여 무리

를 뚫고 예수님의 옷 자락을 잡았듯이, 문둥병 환자가 돌에 맞아 죽을지언정 내가 주님께 달려가서 "주님, 나를 구원하소서"라는 한 마디라도 외치고 죽겠다는 마음으로 달려갔듯이, 이 귀신 들린 자도 마찬가지로 "나를 구원하소서. 이 수천의 귀신으로부터 나를 구원하소서"라고 외치며 달려갔을 것입니다.

그러나 그가 입을 벌렸을 때 예수님께 전한 말은 무엇이었습니까? 귀신의 말이었습니다. 군대 귀신 들린 자는 큰 소리로 부르짖어 이렇게 말합니다.

"지극히 높으신 하나님의 아들 예수여."

여기까지 보면, '이 귀신이, 예수님이 하나님의 아들이라고 신앙고백을 하네?'라고 생각할 수도 있습니다. 그런데 이어서 뭐라고 합니까?

"나와 당신이 무슨 상관이 있나이까?"

"나를 괴롭게 마옵소서."

"하나님 앞에 맹세하소서."

하나님을 조롱하며 비아냥거리는 귀신의 말입니다.

"당신이 하나님의 아들이잖아. 당신은 당신대로 놀라고,

나는 나대로 놀 테니까. 당신은 당신 가던 길을 가시오. 나는 내 갈 길을 갈 테니.”

그 몸으로부터 나가라는 예수님의 명령을 들은 군대 귀신의 대답이었습니다. 그 영이 미친 몸으로 달려왔을 때, 아니 달려오기 전부터 그를 아시고 불쌍히 여기사 그 귀신들에게 나가라고 명령하신 것의 대답이었습니다.

예수님과 군대 귀신의 대화가 마치 균등한 두 힘이 1:1로 겨루고 있는 것처럼 보일 수 있습니다. 그러나 결코 아닙니다. 하나님이 그렇게 묘사하실 뿐입니다. 이미 귀신들은 굴복을 당하였습니다.

“네 이름이 무엇이냐!”

군대에서 자신의 군번과 관등성명을 반드시 대야 하는 상대는 딱 둘입니다. 나의 상관과 나를 포로로 잡은 적군입니다. 군인이 자신의 상관에게 자기 이름을 복창하는 것은 “나는 당신의 명령에 의하여 죽을 수도 있다”는 것을 뜻합니다. 그리고 전시에 나를 포로로 잡은 적군에게 자신의 이름을 복창하는 것은 “나는 당신의 포로다. 항복한다”

라는 뜻입니다.

예수님이 군대 귀신에게 물으십니다.

"네 이름이 무엇이냐!"

전능의 주이신 예수님의 질문에 귀신은 변명할 여지없이 자기 이름을 복창합니다.

"내 이름은 군대라."

싸움은 끝났다는 뜻입니다. 이미 그 귀신은 예수님께 항복하였다는 것입니다. 그리고 이어서 말합니다.

"우리는 많습니다. 그러니 부탁합니다. 아니 간청합니다. 이 지방에서 우리를 내보내지 마십시오."

무슨 말입니까? 예수님은 이 귀신들을 어디든지 보내실 수 있는 권세가 있는 분이라는 뜻입니다.

또 무엇을 의미합니까?

"이 지방은 제가 살기에 참 좋습니다. 내가 어쩌다 당신을 만나서 지금 쫓겨나기는 하지만 이 지방에는 거처할 곳이 아주 많습니다. 이 지방에는 의롭지 못한 자들이 많습니다. 그러니 이 지방에서 우리를 떠나지 않게 해 주십시오. 이 지방은 저희에게 거할 곳이 많은 좋은 지방입니다"

라는 뜻입니다.

그리고 마침 거기에 돼지 떼가 있는 것을 보고 귀신들이 말합니다.

"우리를 돼지 떼에게로 보내소서. 사람에게는 안 갈 테니 돼지 떼에 들어가게 하소서."

어떤 생명체에도 들어가지 못하고 떠돌아다니게 될 처지를 모면하기 위해서 저 돼지 떼에라도 들어가게 해달라고 간청하는 군대 귀신은 예수님의 허락을 받고 돼지 떼로 들어갑니다. 그리고 그 돼지 떼는 그대로 바다에 빠져서 몰사합니다. 죽은 돼지의 수가 2천 마리나 되었다고 하는 것을 보니, 아마도 군대 귀신의 수가 대략 2천 정도가 아니었나 싶습니다.

이 사건이 일어나자, 돼지를 치던 자들이 읍내와 마을로 도망쳐 달려가서 돼지 소유주들에게 이 상황을 보고합니다. 돼지를 치는 것으로 돈을 받아서 생계를 유지하던 사람들인데 돼지가 다 죽어 버렸으니, 그들에게 아주 심각한 상황이 벌어진 것입니다. 2천 마리나 되는 돼짓값을 배

상해야 할 처지가 되었습니다. 요새말로 한 순간에 직장도 잃고 재산도 잃고 도산할 위기에 처한 것입니다. 돼지를 치던 자들이 돼지 주인들에게 말합니다.

"내가 돼지 떼를 죽인 것이 아닙니다. 내가 잘못해서 벌어진 일이 아닙니다. 나는 무죄입니다."


돼지 떼가 어떻게 죽었는지, 귀신 들렸던 자가 어떻게 온전한 모습이 되었는지 그 소식을 들은 마을 사람들이 와보니, 정말로 돼지 떼는 죽어 있고, 정말로 군대 귀신 들렸던 자가 옷을 입고 정신이 온전하여 예수님 발 아래 앉아 있습니다. 그런데 그 광경을 보고 마을 사람들은 두려워하며 예수님께 떠나시기를 간구합니다.

만약에 여러분이 그 마을에 사는 사람들이라면 어떻게 하시겠습니까? 귀신 들렸던 자가 나의 친구이고 친척이라면 어떻게 하시겠습니까?

어느 날 갑자기 이상한 모습이 되어서 난동을 부리는 내 친구, 내 오빠, 내 동생의 정신이 돌아오게 하려고 이것저것 다 해 보았습니다. 그런데 이도 저도 소용이 없고 쇠사슬로 묶어보기도 하였지만, 여전히 무덤 사이를 이리저리 뛰어다니고 귀신 소리를 내며 살고 있었습니다. 그런데 예수라는 분을 만나더니 갑자기 정상이 되었습니다.

여러분이 만약 이 마을 사람들이라면 어떻게 하시겠습니까?

"감사합니다. 우리가 수년 동안, 수십 년 동안, 내 친구, 내 형, 내 동생을 예전 모습으로 되돌려 보려고 했지만 전혀 변화가 없었습니다. 오히려 더 심해지기만 했습니다. 그런데 이렇게 예수님이 오셔서 고쳐 주시니 정말 감사합니다"라고 하지 않겠습니까?

하지만 마을 사람들의 반응은 정반대입니다.

"예수여, 떠나가소서."

왜 마을 사람들은 예수님께 떠나가라고 간구했습니까?

첫째, 이 사람들에게는 돼지가 더 중요했습니다.

"한 사람의 영혼이 어떻게 되든 말든, 나에게는 돼지가 더 중요합니다. 나에게는 나의 사업이 더 중요합니다. 돈이 더 중요합니다."

그리고 예수님이 행하신 일을 보고 서로들 이렇게 말했을 것입니다.

"오! 한번이면 됐지, 조금 더 계시면 내 돼지까지 죽겠네. 조금 더 있으면 내 기업도 망해 버리겠네."

영혼의 구원에는 관심이 없는 마을 사람들에게는 자기 자신의 배를 채우는 일이 더 급했습니다.


또 왜 떠나라고 했습니까?

둘째, 귀신 들렸던 자가 예수님 발 아래 앉아 있습니다. 발 아래 앉아 있다는 것은 무엇을 의미합니까? 예수님께 굴복했다는 말입니다. 예수님을 구주로 고백했다는 뜻입니다. 그런데 이 사람들은 그러기 싫었던 것입니다.

"나는 내 일과 내 가족과 내 기업이 더 중요한데, 나도 혹시 저 사람처럼 되어서 예수님만 쫓아다니게 되면 어떡하지? 그러면 나는 이 세상의 즐거운 안락을 취하지도 못하고 내가 원하는 대로 살지도 못하고 예수한테 끌려 다녀야 할 텐데? 나는 그렇게 살기 싫소. 나는 예수보다 이 세상이 더 좋소이다."

거라사인의 지방에 살던 사람 전부라고 말할 수는 없으나, 예수님을 떠나라고 강청하는 사람들의 마음이 이러했습니다.

예수님은 그들에게 아무 말씀도 하지 않으시고 떠나가십니다. 그런데 배에 다시 오르시는 예수님께 귀신 들렸던 자가 간구합니다.

"주님, 저도 좀 데려가 주세요. 주님도 보셨잖아요. 이 지방은 귀신들이 좋아하는 곳이에요. 불의한 자들이 많은 곳이에요. 아까 보셨잖아요. 주님이 나를 구원해 주시는 것을 보고도 주님을 떠나라고 하는 저들의 모습을요. 저에게 새 생명을 주신 주님, 저 좀 데려가 주세요. 저도 다른 제자들처럼 같이 주님과 동행하게 해 주세요."

예수님이 대답하십니다.

"그래, 배에 올라 타라! 여기선 더 이상 볼 게 없구나!"

아닙니다. 함께 떠나기를 간청하는 귀신 들렸던 자에게 예수님은 그를 데리고 가시는 대신에 아주 특별한 명령을 하십니다.

“집으로 돌아가라. 주께서 너를 불쌍히 여기셔서 너에게
어떻게 큰 일을 행하셨는지를 네 가족에게 알려라.”

예수님은 스스로를 가리키실 때 보통 “인자”라고 표현하
십니다. 그런데 여기서 “주께서”라고 하시면서 예수님 자
신을 “주”라고 말씀하십니다. 출애굽기 3장의 여호와, 스
스로 존재하는 자, 영원하신 분, 창조주, 특별히 구원주를
강하게 나타낼 때 사용하시는 “주”라 말씀하시면서, 예수
님 자신이 그 여호와라는 사실을 귀신 들렸던 자에게 계시
하십니다.

“주께서 너에게 어떻게 큰 일을 행하셨는지, 네가 그 수
천의 귀신에 억눌려 있을 때, 네가 너를 그 귀신들로부터
어떻게 끄집어내었는지를 기억하라. 너의 비참하였던 지
경이 어떻게 평강의 상태로 변하였는지 너는 잊지 말라.
그리고 하나님이 행하신 그 일을 전하라. 돼지 떼를 잃은
것으로 인해 나를 거부하는 이 마을 사람들이 아닌 너의
집, 너의 가족에게 전하라.”

군대 귀신 들렸던 자는 예수님의 말씀을 따라 집으로 돌

아가 예수님이 자기에게 어떻게 큰 일을 행하셨는지를 전하였습니다. 그리고 사람들이 이를 듣고 놀랍게 여겼다고 성경은 기록합니다.

마가복음 저자는 성령의 감동함을 입으며 20절에서 말합니다.

"그가 가서 예수께서…."

19절에서 "주"라고 말씀하신 것을 20절에서는 "예수"라고 기록하며, 주 여호와가 예수라고 고백합니다. 마가복음 저자는 "주께서"와 "예수께서"라는 그 한 마디, 단어 하나로 예수님이 여호와 하나님이심을 증거합니다.

"예수는 여호와라."


이후에 귀신 들렸던 자는 열 개의 도시라는 이름의 큰 도시 데가볼리로 갑니다. 우리는 마가복음 7장에서 이 군대 귀신 들렸던 자가 예수님이 주신 사명을 어떻게 감당하는지 볼 수 있습니다.


예수께서 다시 두로 지방에서 나와 시돈을 지나고

데가볼리 지방을 통과하여 갈릴리 호수에 이르시매,
사람들이 귀 먹고 말 더듬는 자를 데리고 예수께 나
아와 안수하여 주시기를 간구하거늘(막 7:31-32).

데가볼리 지방을 통과하여서 갈릴리로 가실 때 많은 사
람이 예수님께 달려옵니다. 5장에서 거라사인의 지방에 도
착하셨을 때와 사뭇 다른 모습입니다. 한 사람, 그것도 귀
신 들린 사람, 딱 한 명이 예수님께 달려왔던 거라사인의
지방과는 다르게, 군대 귀신을 쫓아내신 사건 이후인 7장
31절에서는 많은 사람이 예수님을 만나러 옵니다. 예수님
이 구원주시라는 기쁜 소식을 들은 사람들이 귀먹고 말 더
듬는 자들을 데리고 나옵니다.

이 사람들이 예수님에 대하여 어떻게 알았겠습니까? 군
대 귀신 들렸던 자가 전하는 말을 들은 것입니다. 듣든지
아니 듣든지 예수님의 명령에 따라 예수님이 여호와 하나
님이심을, 그 예수님이 자신을 수많은 귀신들로부터 끄집
어내셨다는 사실을, 그 결과와 그 증거가 바로 자신이라
는 사실을 전했고 사람들이 그의 말을 들은 것입니다. 그

전도의 결과, 예수님이 데가볼리를 통과하실 때 죄에 눌려 있던 사람들이 예수님께 나아온 것입니다.

예수님은 동일하게 우리에게도 명령하십니다.

"주께서 네게 어떻게 큰일을 행하셨는지 전하라."

이 시대에 우리가 받은 사명입니다. 우리가 전하는 말을 세상 사람들이 듣든지 아니 듣든지 전하십시오. 한 사람이 되어도 좋고, 열 사람이 되어도 좋습니다. 아무도 듣지 않아도 좋습니다. 그 다음은 성령이 하실 일입니다.

"예수님 믿으세요. 하나님이 당신을 사랑하십니다. 나도 과거에는 당신처럼 하나님을 믿지 않았던 사람입니다. 예수님을 꺼려하고 혐오했던 사람입니다. 그런데 죽은 자들 가운데 뛰어다니며 소리치던 나를 예수님이 구원하셨습니다. 나에게 새 생명을 주셨습니다. 예수님은 여호와 하나님이십니다. 내가 그 증거입니다."

죽기까지 우리를 사랑하신 예수님이
죽는 순간까지 우리에게 하신 말씀
너는 내 것이라

# 3

아무에게도 이르지 말라

## 9장 9-13절

[9] 그들이 산에서 내려올 때에 예수께서 경고하시되 인자가 죽은 자 가운데서 살아날 때까지는 본 것을 아무에게도 이르지 말라 하시니 [10] 그들이 이 말씀을 마음에 두며 서로 문의하되 죽은 자 가운데서 살아나는 것이 무엇일까 하고 [11] 이에 예수께 묻자와 이르되 어찌하여 서기관들이 엘리야가 먼저 와야 하리라 하나이까 [12] 이르시되 엘리야가 과연 먼저 와서 모든 것을 회복하거니와 어찌 인자에 대하여 기록하기를 많은 고난을 받고 멸시를 당하리라 하였느냐 [13] 그러나 내가 너희에게 이르노니 엘리야가 왔으되 기록된 바와 같이 사람들이 함부로 대우하였느니라 하시니라.

예수님을 따라 높은 산에 올라간 베드로와 야고보와 요한은 그곳에서 예수 그리스도의 영광스럽게 변화된 놀라운 모습을 봅니다. 그리고 이어서 구약의 선지자인 엘리야와 율법의 대표인 모세의 모습까지 봅니다. 그 영광의 모습을 바라보고 어찌할 바를 모르는 세 제자가 이렇게 말합니다.

"주님, 우리 여기다 초막을 짓고 같이 살아요. 우리, 산 아래로 내려가지 말아요. 산 아래로 내려가면 예수님을 모함하고 죽이려는 무리가 많이 있잖아요? 여기서 우리 편하게 살아요."

그때 하나님 아버지께서 구름 속으로 오셔서 말씀하십

니다.

"이는 내 사랑하는 아들이니, 너희는 그의 말을 들으라."

이 말을 듣고 눈을 떠보니, 그곳에는 예수님 밖에 없었습니다. 그 옷의 광채가 눈이 부시던 모습이 아닌 초라한 사람의 모습을 하신 예수님 밖에 없었습니다. "십자가에서 내가 곧 죽으리라"고 말씀하셨던 예수님 한 분 밖에 없었습니다. 영광의 모습은 사라졌습니다. 구름도 사라졌습니다.

베드로와 야고보와 요한은 그날 그 산에서 엄청난 것을 보았고 들었습니다. 그러나 그 감격은 잠시 뿐이었습니다. 예수님의 영광의 모습이 사라지자마자 그들은 다시 원점으로 돌아왔습니다. 마치 집회 중에 은혜를 받고 눈물을 흘리며 "아멘"하며 외치다가도, 그 순간이 지나고 나면 다시 이전의 옛 모습으로 돌아가는 것과 같이 말입니다.

베드로와 야고보와 요한은 예수님과 같이 산에서 내려옵니다. 더 이상 거기 있을 이유도 없고, 있을 수도 없었습니다. 높은 산이라고 하니 바람도 많이 불었을 것이고, 날도 어두워져서 빨리 내려와야 했을 것입니다. 예수님과 세 제자가 원래의 모습으로 산을 내려옵니다. 그때 "예수께서 경고하시되"라고 합니다. 무엇을 경고하십니까?

"인자가 죽은 자 가운데서 다시 살아날 때까지, 인자가 다시 부활할 때까지, 너희가 산에서 본 사건에 대해서는 말하지 말라."

예수님이 하나님의 아들이심을 하나님 아버지께서 직접 증거하신 그 사건을 보고 들은 세 제자에게 왜 이런 말씀을 하셨을까요? 말씀을 들은 것뿐만이 아니라, 그 모습을 두 눈으로 다 목도한 제자들에게 왜 "조용히 하라. 침묵하라. 그러나 내가 죽은 자 가운데서 다시 부활한 후에는 너희들의 입술을 열어 전하라"고 말씀하십니까?

첫째, 자기가 이해하지 못한 것에 대해서는 전하지 말라는 뜻입니다. 제자들은 눈으로 보았고, 입술로 예수님은 살아계신 하나님의 아들이라고 고백했습니다. 그러나 주님은 말씀하십니다.

"그것으로는 부족하니라. 너의 삶을 통하여 전인격이 나를 그리스도로 고백할 때까지 침묵하라. 너희가 온전히 나를 그리스도로 인정하지 않고 믿지 아니한 상태에서 그 입술로만 말하지 말라. 입술로만 예수는 살아계신 하나님의 아들이라고 전하지 말라. 입술로만 주는 그리스도라고 전하지도 말라. 내가 원하는 것은 너희의 입술이 아니라, 너희의 삶이다. 너희들의 삶으로 내가 살아계신 하나님의 아들임을 증거할 수 있을 때까지는 전하지 말라. 그전에는 너희에게 전할 자격이 없다.”

괭장히 무서운 말씀입니다.

예수님의 이 경고의 말씀을 통해서 혹 나는 입으로만 크리스천이라 외치고 있지는 않은지 우리는 돌아 보아야 합니다. 이 시대에 크리스천들이, 교회들이 왜 손가락질을 받는지 생각해 보아야 합니다. 예수님이 우리에게도 말씀하십니다.

“너의 온 영이, 온 마음이 나를 그리스도라, 나를 부활의 주라 고백할 때까지 그 입술을 벌리지 말라. 그러나 성령이 임하여 너희가 온전히 거룩한 변화를 받은 사람이 되었을 때 그 입으로 나를 증거하라.”

또 왜 이 사실을 전하지 말라고 하십니까? 두 번째 이유는 받을 준비가 되지 않은 자들에게 전하지 말라는 뜻입니다. 유대 지도자들을 비롯하여 당시의 유대인들은 분명히 메시아가 오실 것을 믿고 있었습니다. 말라기 4장 5-6절을 비롯해서 오실 메시아에 관한 말씀들을 그들은 이미 많이 외우고 있었습니다. 그리고 그 메시아를 통해서 이스라엘이 회복될 것을 믿었습니다.

네, 알고 있었고, 믿고 있었습니다. 어디까지 알았습니까? "메시아가 다시 오시기 전에 하나님께서 엘리야를 다시 보내실 것입니다"까지 알았습니다. 그러나 그 엘리야가 세례 요한이었다는 사실과 그 메시아가 젊은 청년 예수라는 사실은 믿지 못했습니다. 수많은 이적과 표적과 말씀의 권세를 보여 주셨음에도 불구하고, 그 메시아이신 예수님이 직접 그토록 말씀을 하셨음에도 불구하고 여전히 그들은 다른 누군가를 기다렸습니다.

그들은 오실 메시아에 관한 예언을 분명히 알고 있었지만, 단지 지식으로 알고 있었을 뿐, 그들 앞에 있는 메시아의 실체를 알아 보지 못하는 영적 맹인들이었습니다.

예수님이 다시 말씀하십니다.

"인자가 죽은 자들 가운데서 다시 살아나리라. 그러나 분명히 이루어질 이 사실을 받아들이지 못하고 믿지 못하는 유대인들에게는 전하지 말라. 부활의 역사가 일어난 후에, 그들의 마음이 찔려 회개하고, 그들이 '어찌할꼬'라고 외칠 때 이 일에 관하여 말하라. 부활의 역사를 통하여 내가 다시 올 때, 다시 온 내 모습을 그들이 보았을 때에 증거하라."

예수님의 엄중한 경고입니다. 하나님의 거룩하심의 선포입니다.

"나는 거룩한 자니라. 거룩한 자를 증거할 때 거룩하지 아니한 입술로 전하지 말라. 그리고 거룩하지 아니한 자들에게 나의 거룩함을 전하지 말라."

이 시대를 사는 우리에게도 동일하게 경고하시는 예수님의 말씀입니다. 우리는 이 본문의 말씀을 통해서 오늘날 왜 이렇게도 많은 교회가 비난을 받고 있는지에 대해서 생각해 보아야 합니다. 왜 그렇습니까? 우리가 우리의 하나님, 우리의 주, 우리의 왕이신 예수 그리스도를 온전히 높이지 못하였기 때문에, 그리스도 밖에 있는 자들이 교회를 향하여 손가락질하는 것입니다.

우리는 "예수는 나의 좋은 친구"라는 찬양하기를 좋아합니다. 네, 예수님은 우리의 참 친구이십니다. 그러나 나와 눈 높이를 같이 하고, 나와 같은 위치에서 농담하고 장난 치는 친구가 아니십니다. 여기서 "친구"라는 표현은 우리의 대적(원수)과 구별되는 개념의 친구입니다. 나의 적이 아닌, 나의 편, 나의 하나님, 나를 늘 지켜 주시는 나의 왕이라는 뜻에서 친구이심을 기억해야 합니다.

주님이 우리에게 말씀하십니다.

"복음을 가볍게 여기지 말라. 즉흥적인 감정이나 순간적인 기쁨을 가지고 예수 그리스도를 함부로 전하지 말라. 그리고 네 삶이 아닌 말로만 예수 그리스도의 영광을 전하지 말라."

왜냐하면 거룩하신 하나님, 그리스도는 우리가 섣불리 함부로 논할 분이 아니시기 때문입니다.


죽은 자 가운데서 부활하실 때까지 산에서 본 것을 아무에게도 이르지 말라는 예수님의 말씀을 두고, 제자들이 서로 의논합니다.

"죽은 자 가운데서 살아난다는 것이 무슨 말씀이지?"

그리고 예수님께 묻습니다.

"서기관들이 엘리야가 먼저 와야 한다고 하는데, 이건 또 무슨 말입니까?"

제자들의 마음에는 온통 엘리야 생각뿐인 것을 아시고 예수님이 되물으십니다.

"엘리야가 과연 먼저 와서 모든 것을 회복하거니와, 어찌 인자에 대하여 기록하기를 많은 고난을 받고 멸시를 당하리라고 하였느냐?"

왜 제자들의 마음에는 엘리야 생각뿐입니까? 왜냐하면 엘리야가 와야 메시아가 오신다고 기록되어 있기 때문입니다. 제자들은 메시아를 통해서 회복될 이스라엘만을 생각할 뿐, 그 메시아가 고난을 받고 멸시를 당할 것이라고 이사야 선지자가 기록한 말씀에는 전혀 생각이 없습니다. 하나님의 아들이 이 땅에 사람의 몸을 입고 오셔서 어떻게 고난을 받으시고, 어떻게 죽으시고, 그래서 어떤 방법으로 이스라엘을 회복하시는지에 대해서는 전혀 관심이 없습니다.

"어서 메시아가 오셔야 내가 행복해질 텐데….""

이들의 관심은 그저 내가 어떻게 해야 잘 살 수 있는가, 어떻게 해야 행복하게 될 수 있는가, 그것밖에 없었습니다.

그래서 예수님이 말씀하십니다.

"인자에 대하여 기록하기를 많은 고난을 받고 멸시를 당하리라고 하지 않았느냐. 너희는 왜 이 말씀을 아직도 깨닫지 못하느냐. 그러나 내가 너희에게 이르노니, 엘리야가 왔으되, 이미 성경에 기록된 바와 같이 그 엘리야까지도 버림을 받았도다."

제자들의 마음속에는 자신의 경험을 통해서 이해하는 수준의 생각과 내용만이 담겨 있었습니다. 그리고 기록된 하나님의 말씀을 자신의 잣대로 보려고 하였으니 예수님의 말씀이 이해가 되지 않는 것은 당연했습니다.

예수님은 그러한 제자들의 질문에 하나하나 친절하게 답변해 주시면서 그들의 안목을 하나님의 눈으로, 하나님의 잣대로 바꿔 주십니다. 예수님이 가르쳐 주시지 않으면 어느 것 하나도 이해할 수 없는 제자들에게 직접 성경 말씀을 가르쳐 주십니다.

우리도 마찬가지입니다. 비록 예수님이 직접 성경책을 펴 주시며, "이거는 이런 내용이란다"라고 말씀하시지는 않지만, 하나님의 말씀을 사모하며 성경을 읽을 때, 우리 주님은 2천년 전 제자들을 가르치셨던 것과 똑같이 우리를 가르쳐 주십니다. 깨달음을 주십니다. 그리고 그 깨달음으로 우리의 가슴이 뜨거워지도록 하십니다. 어느 순간에 나도 모르게 몸서리 쳐지게 하시며, 갑자기 심장이 멎어 버리는 것 같게도 하시고, 두려워서 떨게도 하십니다.

어떤 때는 저와 같이 부족한 설교자가 전하는 설교를 듣다가, 어떤 때는 성도들과 함께 모여 성경 공부를 하다가, 어떤 때는 경건 서적을 읽다가 "아!"하고 뜨거운 감동이 일어나게 하십니다. 어떤 때는 기도 중에 울컥하고 뜨거운 눈물이 나오게도 하십니다. 이처럼 하나님은 다양한 수단을 사용하여서 우리에게 가르침을 주십니다.

예수님이 어떤 분이신지 하나님 아버지께서 직접 증거하시면서 모든 것을 다 보여 주셨습니다. 그럼에도 불구하고, 본문의 제자들처럼 하나님의 말씀을 여전히 이해하지 못하여 어찌할 바를 모르면서 "이건 뭐지? 저건 뭐지?"하며 서로 의논하고 있을 때, 예수님은 어떻게 하십니까? 저 같으면 꿀밤을 주며, "아까 내가 분명히 보여 줬잖아!"라고 했을 텐데, 예수님은 그렇게 하시지 않습니다. 대신 하나하나 다시 풀어서 가르쳐 주십니다.

그분이 우리의 주님이십니다. 그 주님이 부활하신 후에 승천하셔서 주의 영을 신약 시대를 사는 우리에게 보내 주셨습니다. 그분이 성령 하나님이십니다.

우리가 성경을 읽을 때마다 깨달음과 영적 기쁨을 누리는 것은, 주의 영, 예수의 영, 그리스도의 영, 성령 하나님이 우리 영의 눈을 열어 주시기 때문입니다. 예수님이 눈먼 자의 눈에 손을 대셨을 때 그의 눈이 밝아졌던 것과 같이, 마찬가지로 예수의 영이 우리의 마음에 손을 대실 때 우리 영의 눈이 열리면서 "아멘"이 터져 나오게 하십니다.

우리는 이러한 체험을 해온 사람들입니다. 지금도 그런

체험이 계속 있습니까? 아니면 과거 몇 년 전에 몇 번 있었습니까? 만약 그러한 경험이 몇 년 전에 있었던 과거의 사건으로만 있다면, 이제는 회개할 때입니다. 그리고 "아멘"의 때를 갈급하게 간구할 때입니다.

누가복음 24장은 엠마오로 걸어가는 두 제자의 모습을 기록합니다. 예수님이 십자가에서 달려 죽으시자 낙망한 두 제자가 엠마오로, 자기 갈 길로 갑니다. 그때 그들에게 부활하신 예수님이 오십니다. 그리고 왜 그렇게 낙망하여 가느냐고 물으십니다. 두 제자가 말합니다.

"당신은 최근에 일어났었던 그 일도 모릅니까? 우리는 예수라는 사람이 선지자인 줄 알았습니다. 소문에 의하면 부활했다고도 하는데, 우리는 아직 보지도 못했고…. 그래도 그분이 우리의 소망이라고 생각해서 믿었었는데, 지금은 뭐가 뭔지 모르겠습니다. 그래서 원래 우리가 가던 길을 갈 따름입니다."

낙망하여 터벅터벅 걷고 있는 두 제자에게 예수님은 어떻게 하십니까? 구약의 모든 선지서와 모세가 말한 율법이

곤 예수 그리스도, 자신에 관한 사실이라는 것을 하나하나 다 설명하여 가르쳐 주십니다. 그러자 그들의 마음이 뜨거워졌다고 기록합니다. 그래서 그들의 눈이 밝아져 그분이 부활하신 예수님인 것을 깨달았지만, 눈을 떠보니 예수님이 보이지 않았더라고 하였습니다.

성경의 저자가 누구입니까? 예수님이십니다. 주의 영이 하나님의 사람들을 불러, 주의 영의 감동을 일으켜서 그 감동으로 기록된 것이 성경입니다. 엠마오로 가는 길의 두 제자는 저자 직강으로 강의를 들은 것입니다. 그래서 그 둘에게는 뜨거운 감동이 있었습니다.


우리에게도 동일합니다. 비록 설교자의 입술을 통하여 선포되는 설교이지만, 설교자가 성령 안에서 감동을 입고 설교할 때 그리고 성령 안에 있는 성도들이 듣고 "아멘" 할 때, 성령 하나님께서 우리를 하나로 묶어 주십니다.

말씀을 읽는데도 깨달음이 더디 옵니까? 말씀을 읽어도 별로 기쁘고 감사한 마음이 없습니까? 기도하시기 바랍니다. 예수의 영, 그리스도의 영, 성령 하나님께서 나의 마음을 열어 주사, 나의 깨달음이 그저 지식으로 끝나는 것이 아니라 나의 삶을 변화시켜 주는 것이 되도록 기도하시기 바랍니다.

우리는 과거 어느 시대보다도 성경을 많이 알고 있습니다. 들을 기회도 많고, 읽을거리도 많습니다.

알고 있는 것을 우리는 지식이라 합니다. 그래서 하나님에 관한 것, 예수 그리스도에 관한 것이 지식입니다. 그러면 지혜는 무엇입니까? 지혜는 그 지식을 바탕으로 어떻게 사용하느냐 입니다. 정리하면, 지식은 '무엇'이고, 지혜는 '어떻게'입니다. 그래서 공부를 많이 한 사람을 지식이 많은 자라고 하고, 삶 속에 지식이 베어져서 슬기롭게 행하는 자를 지혜로운 자라 합니다.

"여호와를 경외하는 것이 지혜의 근본이니라."

잠언 9장 10절은 여호와를 경외하는 것이 지혜의 근본이라고 합니까, 아니면 지식의 근본이라고 합니까? 여호와를 경외하는 것, 여호와를 믿는 것, 여호와를 예배하는 것이 지식의 근본이 아닌, 지혜의 근본이라고 말합니다. 다시 말해서, 내가 하나님에 관하여 많이 안다고 하여서 그것이 곧 하나님을 믿는 것이 아니라는 말입니다.

귀신도 하나님을 압니다.

> 네가 하나님을 한 분이신 줄 믿느냐? 잘 아는 도다.
> 귀신들도 믿고 떠느니라(약 2:19).

하나님이 말씀하십니다. 하나님을 아는 것으로 끝나는 것이 아니라, 그 아는 것을 가지고 네가 어떻게 살아나가느냐가 중요하다고 말씀하십니다.

많이 압니까? 그것으로 족합니까? 내가 신학박사이니까 그것으로 족합니까? 내가 교회에서 성경 공부 코스를 다 마쳤으니까, 내가 매년 성경을 일독, 십독을 하니까, 내가 성경 말씀을 줄줄이 다 외우고 있으니까 만족하십니까? 그러나 그것은 어디까지나 'WHAT'입니다. '무엇'입니다. '것'입니다.

우리는 여기서 만족하지 않고 그 지식을 내 삶에서 어떻게 행할 것인지에 대하여 고민하는 지혜가 필요합니다. 왜

냐하면 아는 것이 아니라 행하는 것이 믿는 것이기 때문입니다. 그래서 야고보서 2장 17절은 행함이 없는 믿음은 죽은 믿음이라고 말합니다.

이와 같이 행함이 없는 믿음은 그 자체가 죽은 것이라(약 2:17).

마가복음 9장에서 예수님은 '무엇'을 다 보여 주셨습니다. 열두 제자 중, 베드로, 야고보, 요한, 이 셋만 불러서 그것도 높은 산, 거룩한 곳에서 직접 '무엇'을 보여 주시고 들려 주셨습니까? 예수님에 관한 지식이었습니다. 그러나 당시 제자들은 그 지식으로 지혜의 삶에까지는 이르지 못했습니다. 그래서 예수님이 말씀하십니다.

"네가 알고 있는 그 지식이 네 삶 속에서 지혜로 드러나기 전까지는 입을 다물고 있어라. 그 지식이 지혜로 되기 전까지는 거룩하신 하나님을 네 입에서 감히 말하지 말라."

칼빈은 경건에 대하여 이렇게 정의합니다. 하나님을 사랑하는 마음과 하나님을 경외하는 마음, 이 두 가지가 어우러져서 삶 속에 나타나는 것이 경건이라고 말합니다.

내가 하나님을 사랑합니까? 내가 하나님을 경외합니까? 이 두 가지 마음이, 내 온 영과 육을 짜내어서 나의 삶에서 나타나는 것이 경건입니다.

무엇을 의미합니까? 성경은 펴놓았지만 나의 삶이 변하지 않고, 머리의 지식으로만 논할 때 아무런 능력이 없다는 말입니다. 나의 마음과 생활이 변화되지 않은 상태에서 어찌 부활하신 예수 그리스도와 변화산에서의 엄청난 사건을 전할 수 있냐는 말입니다.

우리는 과거의 교회 생활을 회개해야 합니다.

"내가 교회를 몇 년을 다녔는데, 내가 장로로, 집사로, 주일학교 교사로, 청년회장으로 몇 년을 섬겼는데, 내가 ○○목사 아래서 몇 년을 배웠는데, 당신이 누구길래 이런 말을 합니까?"

"나는 신학교도 나왔는데, 당신이 누구길래 이런 말을 합니까?"

예수님이 말씀하십니다.

"너희가 지식은 많이 쌓았으나, 나를 증거할 만큼의 지혜가, 경건의 실천이 부족하구나."

제자들은 3년 동안 예수님을 분명히 보았습니다. 자기 입술로 예수는 그리스도라고 고백도 했습니다. 그럼에도 불구하고 그들의 마음에는 여전히 자신들이 바라고 생각하는 메시아의 모습이 있었습니다. 그러니 예수님을 받아들일 수 없었고, 예수님이 그토록 수없이 말씀하셨던 십자가의 고난과 부활의 사건도 이해할 수가 없었습니다.

어떤 사람들은 이렇게도 말합니다.

"○○교회 때문에, ○○목사 때문에 내 인생을 망쳤어."

그렇게 말할 수는 있습니다. 그러나 엄밀히 말해서, 그것은 그 교회와 목사의 문제가 아닙니다. 바로 나의 문제입니다. 내가 진리 앞에 온전히 서지 않았기에, 내가 온전히 말씀에 대한 깨달음이 없었기에, 내 영이 어두웠기에 주님이 가르쳐 주신 말씀을 내가 제대로 깨닫지 못하였기 때문에, 우매한 자의 말에 넘어간 것이고, 우매한 가르침에 넘어간 것입니다.

문제는 내 안에 있으며, 그 문제의 해결은 내 밖, 우리 주님께 있음을 기억하시기 바랍니다.

변화산의 그 엄청난 사건을 보고 난 다음, 환희의 기쁨, 그 순간적인 기쁨의 모든 장면이 사라져 버린 후, 제자들은 다시 옛 모습으로 돌아옵니다. 그리고 이렇게 말합니다.

"네, 제가 알기는 다 아는데요. 제가 구약을 봐서 잘 아는데요. 엘리야가 분명히 다시 온다는 것을 제가 잘 알고 있거든요."

감히 예수님 앞에서 자기 지식을 자랑하고 있습니다. 혹 여러분도 감히 하나님 앞에서 이런 자랑을 하고 있는 것은 아닙니까?

"내가 수십 년 동안 교회를 섬겼는데요."

"내가 신학교를 나왔는데요."

예수님이 경고하십니다.

"네 마음이 거룩하게 변화되기 전까지, 성령이 임하셔서 너의 심장을 아예 바꿔 놓기 전까지, 뿌리째 바뀌기 전까지, 지식이 지혜로 되기 전까지, 알고 있는 것이 삶으로 드

러나기 전까지는 거룩하신 하나님에 대하여 함부로 논하
지 말라."

죽기까지 우리를 사랑하신 예수님이
죽는 순간까지 우리에게 하신 말씀
너는 내 것이라

# 4

너는 이 땅바닥보다 깨끗하냐

## 10장 13−16절

[13] 사람들이 예수께서 만져 주심을 바라고 어린 아이들을 데리고 오매 제자들이 꾸짖거늘 [14] 예수께서 보시고 노하시어 이르시되 어린 아이들이 내게 오는 것을 용납하고 금하지 말라 하나님의 나라가 이런 자의 것이니라 [15] 내가 진실로 너희에게 이르노니 누구든지 하나님의 나라를 어린 아이와 같이 받들지 않는 자는 결단코 그 곳에 들어가지 못하리라 하시고 [16] 그 어린 아이들을 안고 그들 위에 안수하시고 축복하시니라.

예수님이 가시는 곳, 가르치시는 곳마다 많은 사람이 모여듭니다. 그리고 마가복음 10장에서는 어린 아이들을 데리고 예수님께 나아오는 부모들의 모습이 있습니다. 이때 제자들이 그 모습을 보고, 어린 아이들이 예수님께 다가가는 것을 제지합니다.

"지금 예수님은 바쁘십니다. 하나님 나라에 대해서 얼마나 중요한 가르침을 주시는 중인데, 이런 어린 아이들을 여기로 데려와서 방해하시면 어떡합니까? 안 됩니다."

그런데 제자들의 이런 행동은 어디서 많이 보던 모습이 아닙니까?

"지금 어른들 예배드리시는 중이니까, 방해하지 말고 꼬

마들은 저쪽에 가 있어. 옆 교육관에서 만화영화 보고 있으면 예배 끝나고 데리러 갈 테니까"라고 말하면서 아이들을 성전에 들어오지도 못하게 하고, 예배로부터 격리시키려고 하는 요즘 교회들에서 보통 일어나는 모습과 흡사하지 않습니까?

예수님은 웬만하면 화를 잘 내지 않으십니다. 제자들이 어떤 잘못을 하거나 미련한 질문을 하더라도 한결같이 그들의 눈높이에 맞추어 자상하게 하나하나 설명해 주시는 분이 예수님이십니다. 그런데 14절에, 예수님이 제자들의 태도를 보시고 노하셨다고 기록합니다. 이 사건을 베드로 사도를 통해서 전해들은 마가가 분명하게 기록한 것을 보면, 예수님의 옆에 있던 제자 베드로가 확실히 느낄 정도로 매우 화를 내신 것이 분명합니다.

그런데 예수님은 왜 이렇게 노하셨습니까?

제자들은 예수님에 대하여 착각하고 있었습니다. 예수님 앞에 모인 사람들에게 선포하고 설명하시는 말씀의 주제가 하나님의 은혜라는 사실을 제자들은 전혀 이해하지 못했고, 오히려 왜곡시키려 했습니다.

은혜는 무엇입니까? 받을 자격이 없는 자에게 일방적으로 부어 주는 것이 은혜입니다. 재어보고 달아보고 살펴보니까 받을 만한 자격이 있어서 주는 것은 상급 또는 사례입니다.

하나님의 은혜는 우리가 의롭다 칭함을 받을 어떤 자격이나 공로도 없지만, 하나님이 주권적으로 선수적으로 불가항력적으로 우리에게 주신 것입니다. 그래서 이를 하나님이 주시는 선물이라고 표현하는 것입니다.

지금 예수님은 모인 사람들에게 그 은혜, 그 선물을 주고 계셨습니다. 그런데 제자들이 어린 아이라고 해서 은혜의 선물을 받을 자격이 없다며 잘라 버렸습니다. 그리고 그 어린 아이들을 이끌고 온 부모들을 전혀 예의도 없고 상황도 파악하지 못하는 자들로 여기며 꾸짖었습니다.

과연 제자들에게 그런 일을 할 권한이 있을까요?

"아, 이 사람은 하나님의 은혜를 받을 만하니까 이리로 오십시오. 음, 그쪽은 아직 받을 만한 자격이 없으니까 들어오지 마십시오”라고 규정지을 수 있는 권세가 있습니까? 없습니다. 예수님 앞에 나아올 수 있는지 없는지를 감히 판단하거나 구분 지을 능력과 권세를 가진 자는 아무도 없습니다.

그런데 예수님이 그토록 경계하셨던 바리새인들의 행태를 제자들이 따라하고 있었던 것입니다. 자신들이 만든 세부 율법에 따라서 그 율법을 행한 자는 구원을 받고 행하지 못하면 구원을 받을 수 없다고 가르치며, 그들이 만든 율법의 잣대로 사람들을 판단하고 분리하는 바리새인들을 말입니다. 지금 제자들이 행한 것은 바리새인들이 행한 것과 근본적으로 같은 행위였습니다. 그래서 예수님은 분히 여기시고, 이를 분명하게 짚고 넘어가십니다.

“어린 아이들이 내게 오는 것을 용납하고 금하지 말라. 하나님의 나라가 이런 자의 것이니라. 내가 진실로 너희에게 이르노니, 누구든지 하나님의 나라를 어린 아이와 같이 받들지 않는 자는 결단코 들어가지 못하리라.”


예수님은 하나님의 나라가 “이런 자” 곧 “어린 아이”와 같은 자의 것이라고 말씀하십니다. "어린 아이와 같은 자"는 어떤 사람입니까? 강한 힘도 능력도 없습니다. 그저 부모가 주는 것을 받을 뿐입니다. 그러한 사람을 어린 아이와 같은 자라고 볼 수 있습니다.

또 하나, 어린 아이는 부모의 이끌림을 받아야만 하는 자입니다. 예수님께 자력으로 온 것이 아니라, 부모의 손에 이끌려서 또는 품에 안겨서 온 자들입니다. 그렇기 때문에 내가 왜 왔는지도 모르는 자들입니다.

그런데 예수님은 하나님의 나라가 이와 같은 사람들의 것이라고 하십니다. 무엇을 의미합니까? 나이가 어리기 때문에 은혜를 받을 자격이 있다는 것입니까?

"아무래도 어른들보다는 아이들이 순수하고 죄도 적게 지었을 테니까 그런 것 아닙니까?"

아닙니다. 모든 사람은 무엇입니까? 에베소서에 의하면, 우리는 모두 진노의 자녀입니다. 본질상 하나님의 진노를 받아야 할 인생들입니다. 어린 아이들도 마찬가지로 동일하게 진노의 자녀들입니다. 그런데 예수님은 하나님의 나라가 이 어린 아이들과 같은 자들의 것이라고 하시니, 참

모순되는 말씀이 아닙니까?

아닙니다. 예수님이 말씀하십니다.

"하나님의 나라는 어린 아이와 같이 주님 앞에 나오는 자들의 것이다. 네가 죄인인 것을 스스로 깨닫고 나에게로 나온 것이 아니다. 네가 구원주가 필요한 죄인이라는 것을 스스로 깨닫고 나에게로 나온 것이 아니다. 네가 나에게로 나아온 것은 오직 하나님의 은혜로 말미암은 것이다. 너의 지식이나 지위나 재물이나 공로로 하나님의 나라가 너에게 주어지는 것이 아니다."

예수님이 또 말씀하십니다.

"하나님의 나라는 받는 것이다. 네가 무엇을 열심히 해서 받는 것이 아니라, 일방적으로 받는 것이다. 어린 아이가 부모의 손에 이끌려서 이 자리에 온 것과 같이, 하나님의 나라는 하나님 아버지의 강권적인 이끄심에 의해 받는 것이다."

이것이 은혜입니다.

구원에 이르는 믿음, 천국에 이르는 믿음은 받는 것이지, 내가 노력해서 쟁취하는 것이 아닙니다. 그래서 믿음은 선물입니다. 하나님이 우리에게 주신 선물입니다. 하나님이 직접 우리를 붙들고 이끌어 끌고 가시는 은혜입니다.

예수님은 요한복음 6장 41-43절에서 자신을 하늘에서 내려온 생명의 떡이라고 정의하십니다. 그러자 사람들이 "이게 무슨 말이냐?"라고 하며 수근수근댑니다. 그때 44절에서 예수님이 말씀하십니다.

"나를 보내신 아버지께서 이끌지 아니하면 아무라도 내게 올 수 없느니라."

여기서 "이끌다"라는 표현을 헬라어 원어로 보면, 친절하게 이끄는 것이 아니라, 붙들고 꼼짝 못하게 만들어서 끌고 간다는 뜻입니다. 하나님 아버지께서 우리와 협상하고 타협해서 인도하시는 것이 결코 아니라, 하나님 아버지가 붙들어서 끌고 가신다는 뜻입니다. 다시 말해서, 하나님 아버지께서 강권하여 주권적으로 불가항력적으로 붙잡아서 예수 그리스도께 이끌지 않으면 그 누구도 구원받을 자가 없다는 말입니다.

하나님의 나라가 마치 어린 아이와 같은 자들의 것이라

는 예수님의 말씀은, 제대로 걷지도 못하는 어린 아이를 부모가 안고 오듯이, 그 손을 붙잡고 오듯이 이끌려오는 것이며, 자신의 의지나 결단으로 오는 것이 아니라, 하나님 아버지께서 꽉 붙들어서 예수 그리스도 앞으로 이끌어오 신다는 뜻입니다.

따라서 하나님의 나라는 바로 그렇게 어린 아이와 같은 자들의 것입니다. 그래서 우리는 주님의 강권적인 은혜를 선물로 받은 크리스천입니다.


마지막으로, 하나님의 영광은 어느 누구도 가릴 수 없습 니다. 이것이 제자들의 태도에 예수님이 노하신 또 한 가 지의 이유입니다. 예수님이 은혜의 진리를 선포하시는 자 리에서 제자들이 훼방을 놓았기 때문입니다. 예수님은 이 를 분히 여기시고, 인간이 하나님의 영광을 가릴 수 없음 을 그 자리에서 가르쳐 주십니다.

하나님의 영광을 가리려다가 하나님의 진노를 받은 대 표적인 예가 웃사입니다. 사무엘하 6장에서 이스라엘 백 성은 소가 끄는 수레에 언약궤를 싣고 갑니다. 그 옆에 웃사가 같이 갑니다. 그런데 갑자기 소들이 날뛰자, 땅바닥에 언약궤가 떨어질까 봐 웃사는 흔들리는 언약궤에 손을 댑니다.

제가 웃사라도 그렇게 했을 것입니다. 혹시 성스럽고 거룩한 하나님의 언약궤가 땅에 떨어져서 쏟아지거나 더러워지면 어떡합니까? 손이 아니라 제 몸을 날려서라도 붙잡으려 했을 것입니다.

사실, 인간적으로 충분히 이해할 수 있는 상황입니다. 그런데 언약궤에 손을 댄 웃사는 어떻게 됩니까? 하나님이 그 자리에서 죽이십니다. 하나님이 이렇게 말씀하십니다.

"웃사야 네가 이 땅바닥보다 깨끗하냐? 나 여호와 앞에, 네가 더럽게 여기는 그 땅바닥보다 네가 더 깨끗하냐? 네 부정한 손을 감히 어디에 데느냐!"

그리고 또 이렇게 말씀하십니다.

"천지를 창조하신 하나님이 땅바닥에 떨어질 것이라고 너는 보느냐!"

성경은 웃사의 언약궤 사건을 매우 간략하게 기록합니다. 그러나 우리는 이 사건을 단순한 사고로 스쳐 지나갈 수가 없습니다. 하나님의 임재를 상징하는 언약궤를 나르는 방법에 대하여 하나님은 분명히 명령하셨습니다.

"제사장이 어깨로 매라."

그런데 당시 다윗과 제사장들은 이 명령을 지키지 않고, 자신들이 생각하기에 합당하다고 여기는 인간의 방법으로 하나님의 언약궤를 운반하려 했습니다. 소가 끄는 수레에 실어서 옮기는 것이 가장 안전하고 깨끗하게 언약궤를 나르는 방법이라 생각했습니다.

웃사를 치심으로 하나님은 그 자리에 있던 모든 자에게 엄중히 경책하셨습니다.

"왜 나의 명령에 불순종하느냐! 왜 듣지 않느냐! 내가 나의 종들, 제사장들의 어깨에 매라 하지 않았느냐!"


하나님의 영광은 누군가 지켜야 하는 보호의 대상도 아니며, 어느 누가 가릴 수 있는 대상도 아닙니다. 하나님의 영광은 무언가 부족하여서 우리의 협력으로 그 부족함이 채워져야 하는 것도 아닙니다. 하나님의 영광은 무한하며 하나님이 직접 나타내시며 행하십니다.

마가복음 10장에서 예수님은 제자들의 태도에 왜 노하셨습니까? 하나님의 영광의 진리가 선포되는 바로 그 자리에서 제자들이 그 영광을 가리려고 하였기 때문입니다.

"너희가 나의 영광을 가로막으려 하느냐! 내가 바로 그 말씀의 근원, 내가 하나님이라. 내가 왕중의 왕이라. 너희들에게 분명히 말하노라. 내 영광을 가로막지 말라. 나의 진리를 훼방하지 말라."

예수님의 엄중한 경고요, 문책입니다. 그러나 마가복음 10장의 꾸짖으심은 제자들에게 하신 사랑의 문책, 가르침의 문책이었습니다.


하나님의 나라는 어린 아이와 같은 자들에게 속한다고 하셨습니다. 우리가 예수 그리스도를 나의 구주로 고백하는 것은 나의 공로도, 나의 능력도, 나의 의지도, 나의 결단도 아닙니다. 내가 쟁취한 것도 아닙니다. 부모에게 붙들려서 이끌려오는 어린 아이처럼 오직 하나님 아버지께 강권적으로 주권적으로 붙들려 그리스도께로 인도되는 사람이 하나님 나라에 들어갑니다.

하나님의 나라는 은혜로 받습니다.

하나님의 나라는 우리에게 주시는 은혜의 선물입니다.

죽기까지 우리를 사랑하신 예수님이
죽는 순간까지 우리에게 하신 말씀
너는 내 것이라

5

너의 하나님은 누구냐

## 10장 17-22절

[17] 예수께서 길에 나가실새 한 사람이 달려와서 꿇어 앉아 묻자오되 선한 선생님이여 내가 무엇을 하여야 영생을 얻으리이까 [18] 예수께서 이르시되 네가 어찌하여 나를 선하다 일컫느냐 하나님 한 분 외에는 선한 이가 없느니라 [19] 네가 계명을 아나니 살인하지 말라, 간음하지 말라, 도둑질하지 말라, 거짓 증언하지 말라, 속여 빼앗지 말라, 네 부모를 공경하라 하였느니라 [20] 그가 여짜오되 선생님이여 이것은 내가 어려서부터 다 지켰나이다 [21] 예수께서 그를 보시고 사랑하사 이르시되 네게 아직도 한 가지 부족한 것이 있으니 가서 네게 있는 것을 다 팔아 가난한 자들에게 주라 그리

하면 하늘에서 보화가 네게 있으리라 그리고 와서 나를 따르라 하시니 <sup>22</sup> 그 사람은 재물이 많은 고로 이 말씀으로 인하여 슬픈 기색을 띠고 근심하며 가니라.

●

　예수님이 길을 가고 계십니다. 그때 어떤 젊은 청년이 예수님께 달려옵니다. 그냥 달려온 것이 아니라 달려와서 꿇어 앉습니다.

　젊은 청년이 무릎을 꿇는 것은 쉬운 일이 아닙니다. 동서양을 막론하고 누군가에게 무릎을 꿇는다는 것은 그 사람의 지시에 모든 것을 복종하고, 그의 말을 무조건 듣겠다는 뜻이기 때문입니다.

　무릎을 꿇고 앉은 청년이 예수님께 이렇게 말합니다.

　"선한 선생님이여, 내가 무엇을 하여야 영생을 얻겠습니까?"

분명 이 젊은 청년은 자신이 어떻게 구원을 받을 수 있을까에 대해서 심각하게 고민하고 있었을 것입니다. 그래서 길을 나서는 예수님을 보고는 무작정 그 앞으로 달려갑니다.

"선한 선생님이여!"

예수님이 말씀하십니다.

"네가 어찌하여 나를 선하다고 하느냐? 오직 하나님만이 선하시니라."

무슨 말씀입니까?

"아, 그건 예수님은 지금 사람이시잖아요. 그런데 하나님만 선하시기 때문에 지금 사람이신 예수님은 그런 말을 들을 수 없으니까 그렇게 대답하셨을 거에요."

아닙니다. 잘못된 해석입니다. 예수님은 완전한 사람이시면서 동시에 완전한 하나님이십니다. 18절에 예수님이 청년에게 하신 말씀은 이런 뜻입니다.

"네가 어떻게 알았느냐? 내가 하나님임을 네가 어떻게 알았느냐? 내가 살아계신 하나님의 아들임을 너는 어떻게 알았느냐?"

무엇을 하여야 영생을 얻을 수 있냐는 청년의 질문에 대답하시기에 앞서서, 예수님은 그 청년이 잘 알고 믿고 있다는 하나님에 대한 믿음이 어디로부터 온 것인지를 물으십니다. 이해를 돕기 위해서 요한복음에 기록된 예수님의 가르침을 함께 보겠습니다.

> 태초에 말씀이 계시니라. 이 말씀이 하나님과 함께 계셨으니, 이 말씀은 곧 하나님이시라. 그가 태초에 하나님과 함께 계셨고(요 1:1-2).

태초에 계신 말씀이 곧 예수님이십니다. 왜냐하면 예수 그리스도께서 태초에 말씀으로 만물을 창조하신 하나님 아버지와 함께 계셨고, 그 함께 계심으로 창조의 역사를 행하셨기 때문입니다. 그러므로 성자 예수님을 아는 것은 성부 하나님을 아는 것입니다. 성자 예수님이 그리스도이심을 믿는 자라야 성부 하나님을 만날 수 있습니다.

그래서 "네가 어찌하여 나를 선하다 하느냐? 하나님 한 분 외에는 선한 분이 없느니라"라고 젊은 청년에게 물으신 예수님의 말씀은 단순한 질문이 아니었습니다. 예수님 자신이 바로 죄인을 하나님 아버지와 화목하게 만드는 그리스도이심을 나타내는 예수님의 자기 계시였습니다.

요한복음 1장 18절입니다.

"본래 하나님을 본 사람이 없으되, 하나님 아버지 품 속에 있는 독생하신 하나님이 나타내셨느니라."

하나님을 아는 것은 예수 그리스도를 통해서입니다. 죄로 인해 하나님과의 관계가 단절된 우리는 하나님 아버지를 직접 알거나 직접 경배하거나 직접 예배드릴 수 없습니다. 우리는 오직 중보자이신 예수 그리스도를 통해서만 영이신 하나님을 만날 수 있습니다.

그래서 예수님이 청년에게 물으십니다.

"네가 어떻게 나를 알았느냐? 하나님을 아는 방법은 오직 나를 통해서 인데, 네가 이를 어찌 알았느냐? 너의 믿음이 어디서 왔느냐? 너는 나를 하나님의 아들로 믿고 있느냐?"

예수님은 요한복음 17장 3절에서 영생에 대한 개념을 분명하게 정의해 주십니다.

"영생은 곧 유일하신 참 하나님과 그의 보내신 자, 예수 그리스도를 아는 것이니라."

이 말씀은 성부 하나님과 성자 하나님을 아는 것이 곧 영생이라는 가르침입니다. 그래서 예수님은 젊은 청년에게 물으십니다.

"영생은 하나님을 온전히 아는 것이다. 그런데 머리의 지식으로만이 아니라, 믿음으로 네가 그것을 알았느냐?"

그러나 재물이 많은 젊은 청년은 이 말씀이 무슨 뜻인지 잘 몰랐습니다. 19절에 예수님이 이어서 말씀하십니다.

"내가 보니, 너는 십계명을 아는구나"하시면서 5계명에서 10계명까지를 말씀하십니다. 하나님과 사람의 관계를 명시하는 1계명에서 4계명이 아닌, 사람과 사람 간의 관계를 명시하는 5계명에서 10계명을 말씀하십니다. 이 말씀을 들은 재물 많은 젊은 청년이 이렇게 말합니다.

"선생님이여, 그것은 제가 어려서부터 다 지켰습니다. 저는 뼈대 있는 유대인 집안에서 태어났기 때문에 아버지로부터 이 모든 것을 지금껏 잘 지켰습니다. 그런데도 저에게는 영생의 확신이 없습니다. 영생을 어떻게 얻을 수 있는지 잘 모르겠습니다. 저에게 좀 가르쳐 주세요.”

예수님은 그를 보시고 “사랑하사” 이렇게 말씀하십니다. “네가 아직 한 가지 부족한 것이 있다. 네가 가지고 있는 모든 재산을 팔아서 가난한 자에게 주고, 나를 따르라.”

갑자기 이게 무슨 말씀입니까?

한 유대 학자는 21절에 기록된 예수님의 말씀을 가지고 어처구니 없는 책을 한 권 썼습니다. 예수님을 당대의 유명했던 한 랍비 정도로 생각하는 이 유대 학자는 그 책을 통해서, 무릎을 꿇고 애걸복걸하며 영생에 관하여 묻는 청년에게 어떻게 그리도 냉정할 수 있느냐, 어찌 그리 슬퍼하며 돌아가게 만들 수 있느냐 라고 반문을 하며 예수님을 공격합니다. 이것은 예수님이 하나님이심을 믿지 않는 자의 어리석은 생각입니다.

21절에서 분명히 기록합니다.

“그를 보시고 사랑하사.”

예수님은 그를 보시고, 사랑하시는 마음으로 말씀하십니다. 십계명의 5계명에서 10계명을 말씀하셨을 때, “이는 내가 다 지켰습니다. 나는 율법을 어긴 적이 없습니다. 나는 율법으로 보면 의인입니다. 그런데도 불구하고 영생의 기쁨이 없습니다”라고 고백하는 청년에게 예수님이 지적하십니다.

“그렇다면, 1계명을 지켜라.”


지금 예수님이 “네 재산을 다 팔아서 가난한 자에게 모두 주어라. 그리고 나를 따르라”고 하신 것은 “나 외에는 다른 신들을 섬기지 말라”는 1계명을 지키라는 가르침이었습니다. 1계명을 지키지 않았기 때문에 청년에게는 영생의 기쁨이 없다는 것을 알려 주셨습니다.

청년에게는 그 무엇보다도 재물이 가장 중요한 것이 었습니다. 그 청년의 마음은 재물로 꽉 차있어서 하나님을 모실 빈 자리가 없었습니다. 그래서 이 말씀을 들은 부자 청년은 자신의 재물을 버릴 수가 없어서 슬퍼하며 예수님을 떠나갑니다.

예수님이 동일한 말씀으로 우리에게도 물으십니다.

"너의 하나님은 누구냐? 네가 가지고 있는 너의 재물이 너의 하나님이냐, 아니면 지금 너에게 이 생명의 말씀을 전하는 예수가 너의 하나님이냐?"

내가 가지고 있는 재물이 혹 나의 하나님 노릇을 하고 있지 않느냐고 예수님이 질문하십니다.

"그 재물을 내려놓으라. 그리고 나를 따르라. 그 재물을 준 것에는 이유가 있다. 그런데 너는 그 이유도 모르고 재물로 올무가 씌워져 끌려가고 있다. 이제 그 재물의 끈을 끊으라."

젊은 청년은 자신이 의인이라고 생각했습니다. 율법을 온전히 깨닫지 못하였기 때문에 벌어진 착각이었습니다. 로마서 7장 9절에서 사도 바울이 하는 고백을 들어 보겠습니다.

"전에 율법을 깨닫지 못했을 때에는 내가 살았더니, 계명이 이르매 죄는 살아나고 나는 죽었도다."

율법을 온전히 깨닫지 못하였을 때는 내가 의인이라고 생각했는데, 율법을 온전히 깨닫고 나니, 그 계명이 나의 마음을 찔러서 죄가 아직도 나에게서 왕 노릇하고 있다는 것을 깨달았다는 고백입니다. 그래서 바울은 이렇게 말합니다.

"나는 살았으나 죽었습니다."

마가복음 10장에 등장하는 젊은 부자 청년은 자신의 입으로 "나는 율법을 충분히 다 지켰습니다. 나는 율법적으로 의인입니다"라고 말하는 것을 통해서 그가 아직 율법을 온전히 깨닫지 못하고 있음을 스스로 증명합니다. 그런데 왜 청년은 "어려서부터 다 잘 지켰다"는 율법을 제대로 깨닫지 못하는 것일까요? 율법이 부족해서, 율법이 선하지 못해서입니까? 아닙니다. 하나님 앞에 온전히 순종하는 마음이 없었기 때문입니다. 자기의로 가득 차있는 그의 마음은 하나님이 주신 율법의 말씀을 바로 깨닫고 행할 수 없도록 굳게 닫혀 있었던 것입니다.

이처럼 문제는 우리에게 있습니다. 율법은 거룩합니다.

율법은 의롭습니다. 그래서 우리는 율법을 통해서 내가 죄인이라는 것을 깨닫게 됩니다. 그러나 어려서부터 율법을 지켰다고 하는 젊은 청년은 자신이 죄인이 아닌 의인이라고 말합니다. 율법의 참 뜻이 무엇인지 아직 깨닫지 못하였음을 입증하는 안타까운 모습입니다. 그래서 그에게는 그렇게 바라는 영생의 기쁨 또한 없었습니다.

길을 가다 예수님을 보고 달려와 그 앞에 무릎을 꿇었던 청년은 진정으로 영생을 찾기를 원했습니다. 예수님은 청년에게 "내가 주는 것을 받기 위해서는 너의 두 손을 벌리라"고 하십니다. 그러나 청년은 자신의 두 손에 가득 있는 재물 때문에 예수님이 주시는 영생을 받을 수가 없었습니다. 그래서 망설이다가 슬픈 기색으로 그냥 돌아갑니다. 주님이 선한 분이신 것을 안다고 하면서도 자기 손에 쥐고 있는 재물을 내려놓을 수가 없었기 때문입니다.


히브리서 11장 26절에 또 다른 청년의 이야기가 나옵니다. 모세입니다. 모세는 40년 동안 바로의 왕자로 살았지만, 애굽 왕궁의 영광을 버리고 떠납니다.

"그리스도를 위하여 받는 수모를 애굽의 모든 보화보다 더 큰 재물로 여겼으니, 이는 상 주심을 바라봄이라."

애굽 군인을 죽인 모세가 애굽을 떠나 광야로 피신합니다. 그러나 히브리서 기자는 이 사건이 우연이었거나 단순한 도망침이었다고 기록하지 않습니다. 자신의 연약함 때문에 하나님의 언약을 잘못 받아들인 실수를 시인하고, 모세는 하나님의 때를 기다리며 광야로 도망갑니다. 단순히 발각되어 잡혀서 죽을까 봐 도망간 것이 아니었습니다.

모세는 그리스도를 위하여, 즉 하나님 언약의 말씀이 반드시 이루어질 때를 위하여, 애굽 궁궐의 왕자로서의 삶을 버립니다. 그리고 하나님을 위하여 받는 수모를 기쁘게 받습니다. 사람을 죽이게 된 실수를, 애굽 왕자의 권세와 재물을 내려놓는 계기로 삼아, 하나님을 위하여 수모의 길, 고난의 길을 택합니다. 그리고 히브리서는 하나님이 분명히 주실 상을 소망하는 믿음으로 모세가 그렇게 하였다고 기록합니다.


예수님은 청년에게 돈이 필요없다거나 싫다고 말할 것

을 요구하신 것이 아니었습니다. 재물과 권세는 이 세상을 살아가는 데에 매우 중요한 요소입니다. 특히 돈이 없으면 비참한 인생이 됩니다. 그러나 주님이 말씀하십니다.

"만약 재물과 권세가 너에게서 하나님 노릇을 하고 있다면 그것을 내려놓으라."

쉬운 것 같지만, 가진 것이 많을수록 힘든 일입니다. 재물이 많을수록, 권세가 높고 클수록 쉽지 않습니다. 그것들이 자신에게 안락하고 만족스런 생활을 가져다 준다고 생각하기 때문입니다. 그러나 우리는 재물과 권세에 지배를 받는 자가 아니라, 하나님이 주시는 영생의 기쁨에 지배 받는 자가 되어야 합니다.

예수님이 질문하십니다.

"너의 하나님은 누구냐? 너를 죄에서 구원한 구주 예수 그리스도가 너의 하나님이냐? 아니면 네가 누리고 있는 안락을 허락해 준 재물이, 권세가, 명예가 너의 하나님이냐?"

# 6

하나님의 것은 하나님께

## 12장 13-17절

[13] 그들이 예수의 말씀을 책잡으려 하여 바리새인과 헤롯당 중에서 사람을 보내매 [14] 와서 이르되 선생님이여 우리가 아노니, 당신은 참되시고 아무도 꺼리는 일이 없으니 이는 사람을 외모로 보지 않고 오직 진리로써 하나님의 도를 가르치심이니이다. 가이사에게 세금을 바치는 것이 옳으니이까 옳지 아니하니이까 [15] 우리가 바리치이까 말리이까 한대 예수께서 그 외식함을 아시고 이르시되 어찌하여 나를 시험하느냐? 데나리온 하나를 가져다가 내게 보이라 하시니 [16] 가져왔거늘 예수께서 이르시되 이 형상과 이 글이 누구의 것이냐 이르되 가이사의 것이니이다 [17] 이에 예수께서

이르시되 가이사의 것은 가이사에게, 하나님의 것은 하나
님께 바치라 하시니 그들이 예수께 대하여 매우 놀랍게 여
기더라.

13절의 "그들"은 누구일까요? 마가복음 11장 27절에 등장하는 대제사장들과 서기관들과 장로들입니다. 예수님의 권위를 두고 논하는 이들에게 예수님은 12장에서 포도원 농부 비유로 말씀하십니다.

그 비유에서 상속자를 죽여 포도원 주인으로부터 진멸을 받는 포도원 농부가 자신들을 가리켜 말씀하시는 줄 알고, "그들"은 예수님을 붙잡아 가고자 하였지만, 그곳에 있는 예수를 따르는 무리들을 두려워하여 예수님을 잡지 못하고 그냥 갑니다. 그리고 그들은 다시 예수님의 말씀을 책잡기 위해서 바리새인과 헤롯당의 사람들을 보냅니다.

이것이 마가복음 12장 13절입니다.

　이스라엘은 과거에 하나님의 율법을 지키지 않고 우상을 섬겨서 바벨론의 포로로 끌려갔던 경험이 있습니다. 그래서 이러한 역사적 경험이 있는 이스라엘 사람들 중에는 율법을 잘 지켜야겠다는 이유로 모세오경인 창세기와 출애굽기와 레위기와 민수기와 신명기 말씀을 세부적인 규례로 만드는 작업을 하는 무리가 생깁니다. 이들이 바리새파 사람들입니다.

　바리새파 사람들은 행해서는 안 되는 365개의 항목과 행해야 하는 248개의 항목, 총 613개의 율법 조항을 만들어서, 이를 이스라엘 백성들이 하나하나 세세히 지키도록 강요했습니다. 그래서 당시의 바리새인이라는 호칭은 율법을 지키는 것에 있어서 강경파 유대주의자들을 가리킵니다.

　반대로 헤롯당은 상황논리를 주장하던 유대 사람들입니다. "지금 우리가 로마정권 하에 있는데 하나님의 율법대로 행하면서 살아남을 수 있겠습니까? 현재 상황에 맞게 얘기합시다. 하나님 말씀 다 맞습니다. 인정합니다. 그런데 좀 합리적으로 우리가 지킬 수 있는 것과 지킬 수 없는 것을 가려서 합시다”라고 주장하는 사람들입니다. 그래서 헤롯당이라 하면 헤롯의 통치를 따라서 절충안을 찾는 당시의 진보 자유주의적 사고를 가진 사람들입니다.

바리새인과 헤롯당은 서로의 주장이 상반되기 때문에 함께 협력할 수 없는 관계입니다. 그런데도 예수님을 대적하는 데 있어서는 합력합니다. 바리새인은 바리새인대로, 헤롯당원은 헤롯당원대로 그들의 기득권이 예수라는 젊은 사람의 등장으로 인해 위기를 맞고 있기 때문입니다. 그래서 자신들의 세력을 유지하기 위하여 두 그룹은, 대제사장들과 서기관들과 장로들과 손을 잡습니다. 예수님을 제외한 모든 유대 지도자들이 손을 잡는 모습입니다.

“그들”은 혹 예수님이 하는 말 중에 작은 실수라도 발견한다면 그것을 빌미로 책잡고 정죄하기 위해서 각자 대표를 보냅니다. 14절에서 이들이 예수님께 접근하는 방법을 보겠습니다.

“선생님이여.”

아주 겸손하게 접근합니다.

"우리가 압니다. 당신은 참되십니다. 당신은 아무에게도 거리낌을 받는 일이 없으십니다. 당신은 정말 흠이라고는 하나도 없는 참된 사람이십니다."

맞는 말입니다. 하지만 이들의 말은 진심이 아니라 아첨과 아부의 가면으로 예수님을 교묘하게 걸고 넘어가기 위해서 사용한 위선의 말일 뿐입니다.

또 이어서 말합니다.

"선생께서는 사람을 외모로 보지 않고, 오직 진리로써 하나님의 말씀, 하나님의 도를 가르치시기 때문에 참되십니다."

정확히 말하고 있습니다. 예수님은 정말로 이렇게 하셨습니다. 그런데 이들의 말은 예수님이 행하신 행적을 인정하고 따르기 위한 것이 아닙니다. 비꼬고 빈정대며 어떻해서든지 예수님의 약점을 캐내기 위한 것입니다. 그러면서 뭐라고 합니까?

"가이사에게 세금을 바치는 것이 옳습니까? 옳지 않습니까?"

당시 로마 제국의 통치를 받는 사람들은 로마법에 따라 로마 황제 가이사에게 세 가지의 세금, 토지세와 소득세와 인두세라고도 하는 주민세를 바쳤습니다. 유대 강경파인 바리새인들은 로마 황제에게 세금을 내는 행위 자체가 로마 황제의 소유가 됨을 자인하는 것이기 때문에 세금을 내는 유대인은 비겁한 매국노라고 비난하였습니다. 그래서 유대인들 사이에는 "우리는 로마의 지배를 받지 않는다. 끝까지 세금을 내지 않겠다"라는 파와 "그렇게 하면 우리가 죽는데, 내야 하지 않느냐"라는 사람들과의 충돌이 항상 있었습니다. 예수님 앞에 나타난 바리새인들과 헤롯당이 지금 이 문제를 이용하여 예수님을 넘어 뜨리기 위해서 걸고 넘어가는 것입니다.

"가이사에게 세금을 내는 것이 옳습니까? 아닙니까?"

그리고 바로 이어서 재차 묻습니다. 아니, 예수님을 추궁하며 곤궁에 빠뜨리려 합니다.

"우리가 바치리이까, 말까?"

처음에는 "선생님이여, 선생님은 정말 참되시고, 하나님의 도를 하나도 떨어뜨리지 않고 잘 설명해 주시는 정말

참된 사람이십니다”라고 언급하더니, 바로 일격에 들어갑니다.

“로마 황제에게 바치리이까요, 말까요?”

마치 이 문제가 예수님 때문에 일어난 일인냥 죄인을 추궁하듯이 묻습니다. 이들의 질문에 대한 답은 둘 중 하나입니다. O, X로 선택안을 주고 답을 하라고 밀어붙입니다. 만약 세금을 내서는 안 된다고 대답하면 로마 황제를 거역한 죄로 예수님을 로마 정부에 고소할 계획이고, 만약 세금을 내야 한다고 대답하면 “이스라엘을 팔아먹는 매국노, 비겁자”라고 비난의 여론을 조성할 계획으로 묻습니다.

그런데 15절을 보면, “예수께서 그 외식함을 보시고”라고 기록합니다. 배우가 무대에서 ‘가면을 쓰다’라는 헬라어 원어의 의미처럼, ‘외식’이란 겉과 속이 다르다는 뜻입니다. 예수님이 그들의 속에 있는 것을 다 아셨다는 것입니다. 그들의 거짓된 친절의 물음 속에 있는 진짜 의중을 다 아시고 이렇게 말씀하십니다.

“어찌하여 나를 시험하려 하느냐.”

외식하는 자들과 다르게 예수님은 본론으로 바로 들어

가십니다.

세례 요한에게 세례를 받으신 직후 40일 동안 광야에서 금식하시며 사탄의 시험을 받으실 때 하신 말씀과 동일한 말씀을 하십니다.

"왜 나를 시험하느냐."

예수님은 그 시험에 대한 이유를 몰라서 물으신 것이 아닙니다. 예수님의 그리스도 사역과 진리로 다스리심이 그들의 시험과 방해가 있다 해도 결코 무너지지 않는다는 것을 단언하시는 경고의 말씀입니다. 예수님은 간단하게 결론으로 들어가십니다.

"데나리온 하나를 가져오라."

일 데나리온은 로마 지배 하에 있는 사람들이 일년에 한 번 내는 주민세였습니다. 로마 군인의 일급 정도로 대략 10-20만원이라 생각하면 됩니다. 당시 제국들의 모든 화폐가 그렇듯이 일 데나리온에는 로마의 황제인 가이사의 흉상이 새겨져 있었습니다. 그 화폐를 사용하는 사람들은 원하든 원치 않든 로마 황제의 피지배자라는 뜻입니다.

지금 예수님이 그 데나리온 하나를 가져오라고 하십니다. 그리고 물으십니다.

"그 동전에는 누구의 흉상과 글이 있느냐?"

그들이 답합니다.

"가이사의 것이 있습니다."

예수님은 바리새인들과 헤롯당의 입술을 통해서 스스로 그들의 현 상태를 시인하게 하십니다.

"그래, 너희가 아무리 부정하고 싶고 아무리 벗어나고 싶다 하더라도 너희는 로마 황제의 지배 하에 있다는 것을, 이 동전을 통해서 너희가 자증하는 것이다."

그리고 이어서 이렇게 말씀하십니다.

"가이사의 것은 가이사에게, 하나님의 것은 하나님께 바쳐라."

이 말씀은 가이사의 것은 가이사에게, 하나님의 것은 하나님께 바치라는 단순한 대답이 아닙니다. "가이사의 것은 가이사에게"와 "하나님의 것은 하나님께" 이 두 말 사이에는 연결 접속사가 있습니다. 우리말 성경에는 콤마로 생략되었지만, 헬라어 원어로는 '카이', 영어로 'and', 우리말로

'그리고'가 있습니다.

이미 사람들은 예수님이 말씀하지 않으셔도 가이사에게 세금을 바치고 있었습니다. 무슨 말입니까?

"너희가 로마 황제에게 지금 세금을 바치고 있느냐? 그럼 하나님의 것은 하나님께 바쳐라."

"로마 황제에게 세금을 안 바치면 어떻게 되느냐? 죽지 않느냐?"

And. "그렇다면 똑같다."

하나님의 것을 하나님께 안 바쳐도 죽는다는 것을 알려 주고 계십니다.

"가이사에게 안 바치면 너 죽지? 그래, 하나님의 것을 하나님께 바치지 않아도 죽는다."

매우 강한 메시지입니다.


그럼 하나님의 것은 무엇입니까? 창세기 1장은 하나님이 사람을 하나님의 형상으로 만드셨다고 기록합니다. 그렇습니다. 하나님이 우리를 지으셨습니다. 우리가 바로 하나님의 것입니다.

그런데 타락으로 세상에 죄가 들어오고 죄인이 된 사람은 하나님과의 관계가 끊어져 버립니다. 하지만 사랑의 하나님은 죄인을 버려두시지 않고 하나님 편에서 먼저 죄인 된 자기 백성에게 찾아오십니다. 그리고 그 백성에게 십계명의 율법을 주셨습니다. 어떻게 주셨습니까? 하나님이 직접 돌판에 새겨서 주셨습니다. 그 돌판에 새겨진 십계명을 통해서 우리가 하나님의 것임을 알게 하시고, 또한 우리는 그 율법을 완전히 순종할 수 없는 죄인이라는 것도 알려 주셨습니다. 그것이 구약입니다.

신약 시대에는 어떻게 하십니까? 그리스도 안에서 우리의 마음판에 율법을 새겨 주셨습니다. 우리가 하나님의 소유된 백성인 것을 적어 주셨습니다. 우리 마음판은 곧 우리 생명을 가리킵니다. 우리가 그리스도 예수 안에서 새 생명을 받았음을 인쳐 주신 것입니다.

그런데 하나님이 마음판에 새겨 주신 것을 우리가 싫다고 하여 지우거나 떼어 버릴 수 있습니까? 없습니다. 지울 수 있는 것이 아닙니다. 하나님이 우리 마음판에 "너는 내 것이라"고 기록하시면 그것은 변하지 않고 영원합니다.

하나님께서 우리 마음 판에 기록하셨다는 말씀을 찾아 보겠습니다.

그러나 그날 후에 내가 이스라엘 집과 맺을 언약은 이러하니 곧 내가 나의 법을 그들의 속에 두며 그들의 마음에 기록하여 나는 그들의 하나님이 되고 그들은 내 백성이 될 것이라 여호와의 말씀이니라(렘 31:33).

내가 그들에게 복을 주기 위하여 그들을 떠나지 아니하리라 하는 영원한 언약을 그들에게 세우고 나를 경외함을 그들의 마음에 두어 나를 떠나지 않게 하고(렘 32:40).

내가 그들에게 한 마음을 주고 그 속에 새 영을 주며 그 몸에서 돌 같은 마음을 제거하고 살처럼 부드러운 마음을 주어, 내 율례를 따르며 내 규례를 지켜 행하게 하리니 그들은 내 백성이 되고 나는 그들의 하나님이 되리라(겔 11:19-20).

내가 너희를 여러 나라 가운데에서 인도하여 내고 여러 민족 가운데에서 모아 데리고 고국땅에 들어가서, 맑은 물을 너희에게 뿌려서 너희로 정결하게 하되 곧 너희 모든 더러운 것에서와 모든 우상 숭배에서 너희를 정결하게 할 것이며, 또 새 영을 너희 속에 두고 새 마음을 너희에게 주되 너희 육신에서 굳은 마음을 제거하고 부드러운 마음을 줄 것이며, 또 내 영을 너희 속에 두어 너희로 내 율례를 행하게 하리니 너희가 내 규례를 지켜 행할지라. 내가 너희 조상들에게 준 땅에서 너희가 거주하면서 내 백성이 되고 나는 너희 하나님이 되리라(겔 36:24-28).

너희는 우리로 말미암아 나타난 그리스도의 편지니 이는 먹으로 쓴 것이 아니요 오직 살아계신 하나님의 영으로 쓴 것이며 또 돌판에 쓴 것이 아니요 오직 육의 마음판에 쓴 것이라(고후 3:3).

또한 성령이 우리에게 증언하시되, 주께서 이르시되

그날 후로는 그들과 맺을 언약이 이것이라 하시고

내 법을 그들의 마음에 두고 그들의 생각에 기록하

리라(히 10:15-16).


구약의 선지자들을 통해서, 신약의 사도들을 통해서 하나님이 우리에게 계속하여 무엇을 강조하고 계십니까?

"내가 너의 마음판에 '나는 너의 하나님이라' 그리고 '너는 나의 것이라'고 새겼다."

"내 영을 너희에게 부어 주리라."

"너희의 굳은 마음이 부드러운 마음이 되리라. 그래서 나의 규례를 지키게 하리라."

사람이 지키려고 아무리 애를 써도 완벽하게 지킬 수 없는 것이 율법입니다. 그런데 그 율법을 우리가 행할 수 있게 하신다고 말씀합니다.

"내가 지키게 하리라. 내가 너의 심장에 기록하겠다. 내가 내 영을 너희에게 부어서 너희 마음을 부드러워지게 하여, 너희가 내 율법을 따를 수 있도록 만들겠다."

이것이 하나님의 은혜언약입니다.

"예수께서 이르시되 가이사의 것은 가이사에게, 하나님의 것은 하나님께 바치라 하시니."

마가복음 12장 17절의 말씀은 하나님께 십일조를 드리라, 절기 예물을 드리라는 단순한 말이 아닙니다. 지금 예수님이 유대교 모든 지도자들에게 명령하십니다.

"너희가 살기 위해서 로마 황제 가이사에게 세금을 바치느냐? 그렇다면 이제 너희에게 생명을 주신 하나님께 너희 자신을 바치라."

이 말을 듣고 "그들"이 매우 놀랐습니다. 예수님의 말을 책잡아서 붙들어 잡아가야 하는데, 돌로 치고 침을 뱉어야 하는데, 뭐라고 한 마디 토를 달지도 못한채 매우 놀랐습니다.

예수님은 자신을 죽이러 온 사람들을 향하여 두 팔을 벌리고 말씀하십니다. "나는 하나님의 백성이 아닙니다"라고 외치는 자들을 향하여 두 팔을 벌리고 말씀하십니다.

“너는 내 백성이라.”

“너희는 나를 너희의 하나님이라 부르지도 않고, 나의 백성이라 말하지도 않고, 나를 사랑한다 하지도 않지만, 내가 너희를 부르리라. 나의 백성아, 나에게 오라.”

우리를 사랑하시는 예수님의 모습입니다. 그런데 예수님의 그 벌리신 참 사랑의 손과 발에 못을 박은 자가 저와 여러분입니다.

> 호세아의 글에도 이르기를 내가 내 백성 아닌 자를 내 백성이라, 사랑하지 아니한 자를 사랑한 자라 부르리라. 너희는 내 백성이 아니라 한 그곳에서 그들이 살아 계신 하나님의 아들이라 일컬음을 받으리라 함과 같으니라(롬 9:25-26).

우리는 건강하게 살기 위해서 운동을 하고 몸에 좋다는 음식들을 찾아다니며 먹습니다. 스펙을 쌓기 위해서 좋은 학교에 다니고, 좋은 직장에 들어가기 위해서 애를 쓰고, 돈을 벌기 위해서 밤낮으로 뛰어다닙니다.

그런데 그런 우리에게 예수님이 물으십니다.

"너희가 이 세상에서 살기 위해 부단히도 애를 쓰는구나. 그런데 그리도 애쓰는 너에게 생명을 주신, 네 생명의 주인인 나에게는 정작 너희가 무엇을 주고 있느냐?"

"너는 내 것이라."

"너를 나에게 바치라."

# 7

## 나를 따르라

## 15장 33-41절

[33] 제육시가 되매 온 땅에 어둠이 임하여 제구시까지 계속하더니 [34] 제구시에 예수께서 크게 소리 지르시되 엘리 엘리 라마 사박다니 하시니 이를 번역하면 나의 하나님, 나의 하나님 어찌하여 나를 버리셨나이까 하는 뜻이라 [35] 곁에 섰던 자 중 어떤 이들이 듣고 이르되 보라 엘리야를 부른다 하고 [36] 한 사람이 달려가서 해면에 신 포도주를 적시어 갈대에 꿰어 마시게 하고 이르되 가만 두라 엘리야가 와서 그를 내려 주나 보자 하더라 [37] 예수께서 큰 소리를 지르시고 숨지시니라 [38] 이에 성소 휘장이 위로부터 아래까지 찢어져 둘이 되니라 [39] 예수를 향하여 섰던 백부장이 그렇

게 숨지심을 보고 이르되 이 사람은 진실로 하나님의 아들이었도다 하더라 [40] 멀리서 바라보는 여자들도 있었는데 그 중에 막달라 마리아와 또 작은 야고보와 요세의 어머니 마리아와 또 살로메가 있었으니 [41] 이들은 예수께서 갈릴리에 계실 때에 따르며 섬기던 자들이요 또 이 외에 예수와 함께 예루살렘에 올라온 여자들도 많이 있었더라.

•

오전 아홉 시경에 예수님이 십자가에 못 박히십니다. 그리고 정오부터 온 땅에 어둠이 임하여 오후 세 시까지 계속됩니다.

예수님이 크게 소리를 지르십니다.

"나의 하나님, 나의 하나님 어찌하여 나를 버리셨나이까."

그리고 잠시 후, 큰 소리를 지르시며 숨을 거두십니다.


예수님은 3년의 공생애 기간 동안, 가시는 곳마다 말씀을 전하셨습니다. 때로는 비유로 말씀하시면서 때로는 병

자를 고치시면서 하나님의 나라에 대하여 선포하셨습니다. 그리고 예수님을 공격하는 바리새인과 제사장들과 서기관들에게 답변하심으로 하나님의 말씀을 직접 선포하고 가르치셨습니다. 그런데 십자가 위에서 예수님은 우리에게 마지막으로 어떤 말씀을 주십니까?

첫째로 어둠입니다.

예수님이 십자가에 못 박히시고 숨을 거두시는 동안 대낮이었는데도 온 땅이 내내 어둠으로 둘러싸였다고 성경은 기록합니다.

어둠은 무엇입니까? 암흑입니다. 보이지 않는 상태입니다. 그런데 이 어둠이라는 것은 광명이 있다는 것을 전제합니다. 광명은 창세기 1장에 처음 기록됩니다. 모든 것이 흑암 중에 있을 때, 하나님께서 가장 먼저 행하신 것이 빛의 창조였습니다.

"빛이 있으라 하시매 빛이 있었고."

태초의 그 빛은 지금까지도 그리고 영원토록 존재합니다. 그런데 지금 세상이 잠시 어둠에 휩싸였다고 합니다.

흑암과 빛의 이야기는 출애굽기 10장에도 기록되어 있습니다. 이스라엘 백성의 출애굽을 앞두고 하나님이 애굽 땅에 내리신 아홉 번째 재앙이 흑암이었습니다. 그런데 흑암이 전 애굽을 덮을 때, 그와 동일한 시간에 이스라엘의 자손이 거주하는 곳에는 빛이 있었습니다.

한 곳에는 하나님의 심판이 다른 한 곳에는 하나님의 구원이 동시에 역사한 것입니다. 흑암 중에 있는 사람들에게는 공포와 두려움이, 그러나 빛의 세계에 있는 사람들에게는 기쁨이 찾아왔습니다.

애굽의 모든 초태생이 죽는 열 번째 재앙이 있은 후, 애굽의 바로는 이스라엘 모든 백성을 내보냅니다. 그러나 얼마 지나지 않아 바로의 마음이 다시 강퍅해집니다. 그리고 자신이 거느리는 군사를 동원하여 이스라엘 백성의 뒤를 쫓습니다.

애굽을 떠난 이스라엘 백성은 이제 홍해 바다 앞에 서게 됩니다. 그런데 뒤를 보니 바로의 군사가 추격해 옵니다. 앞에서는 바다가 가로막고 뒤에서는 애굽 군사가 쫓아 옵니다. 이스라엘 백성이 모세에게 원망을 합니다.

"애굽에서 잘 살고 있는 우리를 왜 데리고 나와서 앞으로도 뒤로도 가지 못하는 처참한 지경에 빠지게 했느냐!"

이때 모세가 하나님께 기도합니다. 그러자 하나님이 말씀하십니다.

"너희들은 잠잠하라. 나 여호와가 행하는 일을 보라. 너희들은 손 하나 까딱하지 말라. 내가 무엇을 행하는지 너희는 잠잠히 서서 보라."

이때, 이스라엘의 선두에서 여호와의 백성을 애굽으로부터 이끌어 나오시던 여호와의 사자가 이스라엘의 후미로 옮기십니다. 그리고 거기서 역사를 일으키십니다. 바로의 군대에게는 흑암을, 이스라엘 백성에게는 광명을 주셔서 그 두 무리를 구별하십니다. 여호와의 사자가 직접 이스라엘 백성의 후미로 가셔서 바로의 군사로부터 이스라엘 백성을 보호하여 주십니다.

그리고 여호와의 사자로 나타나신 그리스도께서 그 둘 사이에 친히 서 계시며 흑암과 빛으로 나누시고, 한 편에는 심판을 다른 한 편에는 구원을 행하십니다.

이것이 우리 구주 예수님이 자기 백성을 구원하시는 방법입니다.

예수님은 광명이 있는 평안한 쪽에 서서 자기 백성에게 이쪽으로 오라 하시며 구원하지 않으십니다. 예수님은 직접 어둠으로 들어가셔서 그 흑암 중에 헤매고 있는 자기 백성을 끄집어내십니다.

예수님은 십자가에서 우리 대신 죽으심으로 어둠의 권세를 이기셨습니다. 죽음을 이기셨습니다. 죄를 이기셨습니다. 이분이 우리 구주이십니다.

거룩하신 주님이 직접 낮고 천한 어둠의 세계로 내려 오셔서 자기 백성을 모아 구원하셨습니다. 이것이 주님의 구원의 방법입니다.

"왜 하나님이 직접 이 세상에 오셨을까? 말씀으로 만물을 창조하신 것처럼 말씀으로 구원하시면 될 텐데, 왜 전능하신 하나님이 굳이 사람의 모습으로 오셔서 그렇게 비참한 방법으로 자기 백성을 구원하셨을까?"

사람의 생각과 잣대로는 도저히 이해할 수 없는 방법이기 때문에, 그렇게까지 하실 필요가 있었을까 하며 물음표를 붙입니다. 그러나 예수님이 말씀하십니다.

"머리로 생각하지 말고, 너의 마음이 변화됨으로 깨달으라."

예수님의 십자가는 하나님의 공의와 사랑이 동시에 성취된 신비한 사건입니다. 자기 백성을 사랑하시는 하나님의 자기 사랑의 확증입니다.

예수님은 우리를 구원하기 위하여 어둠 속으로 임하셨습니다. 그리고 그곳에서 우리의 손을 잡고 말씀하십니다.

"나를 따르라. 더 이상 흑암에 거하지 말고 나를 따라 빛으로 오라."


둘째로 예수님의 고통입니다.

십자가에 못 박히시고 세 시간이 흐른 즈음에 예수님이 크게 소리치십니다.

"나의 하나님, 나의 하나님 어찌하여 나를 버리셨나이까."

어떤 이들은 "아, 예수님이 십자가에 못 박히신 고통이 너무 극심해서 지금 하나님 아버지께 살려달라고 부르짖고 계시는구나”라고 잘못 해석합니다.

그러나 예수님의 겟세마네 동산에서의 기도를 통해 이 부르짖음이 육체의 고통을 해소하려는 부르짖음이 아니라는 것을 알게 됩니다.

겟세마네 동산에서 예수님은 땀과 눈물을 피같이 흘려 내리시면서 기도하셨습니다. 고백하셨습니다.

“아바 아버지여, 아버지께는 불가능한 일이 없으십니다. 제가 꼭 이 고난의 잔을 마셔야 하겠습니까? 아버지가 뜻하기만 하시면, 제가 이 잔을 마시지 않고도 아버지의 일을 이루실 수 있지 않습니까? 이 고난의 잔을 제가 마시고 싶지 않습니다.”

그리고 이렇게 말씀하셨습니다.

“그러나 제 원대로 하지 마옵시고, 아버지의 원대로 하옵소서.”

겟세마네 동산에서 예수님은 하나님을 “하나님 아버지”라고 부르십니다. 그런데 십자가에서는 아버지가 아닌 “나의 하나님”이라고 부르십니다. 무엇을 의미합니까?

십자가에서 예수님은 대속제물 어린양으로 공의의 하나

님께 드려지는 제물이셨기 때문입니다. 그래서 십자가의 자리에서는 "아버지"라 부르지 않으십니다.

그러므로 성자 하나님이 성부 하나님께 말하십니다.

"하나님, 공의의 하나님, 나를 버리셨습니다."


예수님이 "버리셨다"고 말씀하십니다.

여기서 '버린다'는 것의 의미를 알기 위해서 우리는 먼저 죽음에 대해서 생각해 보아야 합니다.

사람은 모두 죽음을 두려워합니다. 우리 중 죽음에 대하여 자유로운 자는 아무도 없습니다. 천국의 소망을 둔 크리스천에게도 죽음은 두렵습니다. 그러나 넌크리스천과 크리스천의 죽음에는 차이가 있습니다.

불신자의 죽음에는 소망이 없습니다. 죽음으로 모든 것이 끝나 버립니다. 그래서 불신자의 장례식은 슬픔 그 자체입니다. "아이고, 아이고, 이제 가면 언제 보노"하며 울부짖습니다.

성도의 장례식에도 슬픔은 있습니다. 당장 보고 싶지만 볼 수 없다는 슬픔이 있습니다. 그러나 천국에서 다시 만날 소망이 있기 때문에 슬픔과 동시에 기쁨이 베어져 있습니다. 성도는 죽음의 문을 열자마자 예수 그리스도의 넓은 품 안에 안기고, 하나님의 영광 안에서 영원히 함께 하게 되기 때문입니다.

그러나 육신의 죽음 앞에서 두려운 것은 모든 사람에게 여전히 동일합니다. 왜냐하면 죽음이 죄의 결과이기 때문입니다.

우리가 죽어서 가는 곳은 천국입니다. 우리의 주님이 계시는 곳입니다. 그래서 우리에게는 소망이 있고 기쁨과 감사가 있습니다. 그런데 어떤 사람들은 죽음의 문을 열고 들어갔는데 그곳에 주님이 계시지 않습니다. 이들이 간 곳은 어디입니까? 지옥입니다. 불신자가 가는 곳입니다.

천국과 지옥은 지리적인 차이가 아닙니다. 하나는 하늘에 있어서 천국이고, 하나는 땅 아래 있어서 지옥인 것이 아닙니다. 천국과 지옥은 하나님이 계시느냐 계시지 않느냐의 차이입니다.

이것이 죽음보다 더 무서운 고통입니다. 하나님이 계시지 않는 곳, 하나님께 완전히 버림을 받는 곳에서의 고통입니다.

예수님이 부르짖으십니다.

"나의 하나님, 나의 하나님, 어찌하여 나를 버리셨나이까?"

성자 예수님은 성부 하나님으로부터 먼저 버림을 받으십니다. 그 다음에 숨을 거두십니다.

예수님은 죄가 얼마나 흉악하고 끔찍한지를 아시는 분입니다. 그래서 비록 우리의 죄를 대신 가져가시고 죄의 대가를 대신 받으시는 대속의 사역 때문이었지만, 의롭고 거룩하고 흠이 없으신 예수님이 그 죄의 자리에 가게 된다는 것 자체가 끔찍한 고통이었습니다. 죄에 거하는 것은 하나님과의 관계가 단절되는 것이며 하나님과 대적하는 것이기 때문입니다. 그리고 이것이 하나님께 버림받는 것이기 때문입니다.

그래서 겟세마네 동산에서 예수님은 "이 잔을 내게서 멀리 하시옵소서"라고 하신 것입니다.


주님이 사랑하는 우리를 위해서 이 고통, 지옥의 고통을 십자가에서 받으셨습니다.

그래서 사도신경을 보면 예수님이 지옥으로 내려가셨다는 표현이 있습니다(우리말 사도신경에는 생략된 부분입니다. 자칫 오해가 있을까 봐 선진들이 생략했습니다). 지옥에 내려갔다는 것은 바로 이 고통을 뜻하는 것입니다. 하나님 아버지로부터 버림을 받았다는 것이 죽음보다 훨씬 큰 고통이라는 사실입니다.

예수님은 십자가에서 "내가 고통스럽습니다. 왜 내가 죽어야 합니까!"라고 외치며 울부짖으신 것이 아닙니다. 이는 공의의 하나님이 성자 하나님, 예수를 대속의 제물 어린양으로 지금 사용하신다는 것을 선포하시는 부르짖음이었습니다.

주님은 우리가 감히 감당할 수 없는 고통까지 받으셨습니다. 그 고통은 원래 우리가 받아야 할 고통이었습니다. 그러나 주님이 우리를 대신하여 받으셨습니다. 그리고 우리에게 이렇게 명령하십니다.

"나를 따르라. 너희가 치러야 할 죄의 고통을 내가 너희를 위하여 감당했으니, 너희는 잠잠히 나를 따르라."

셋째로 출애굽입니다.

십자가에서 예수님이 숨지시자, 성소의 휘장이 위로부터 아래로 둘이 되어 찢어졌다고 기록합니다. 구약 시대의 성소에는 성소로 들어가는 휘장과 지성소로 들어가는 휘장 이렇게 두 개의 휘장이 있었습니다. 당시 찢어진 휘장은 지성소로 들어가는 휘장입니다.

지성소는 어떤 곳입니까? 언약궤가 있는 곳, 하나님의 임재를 상징하는 곳입니다. 이곳은 하나님이 택하신 하나님의 종, 오직 대제사장만이 일년에 한 번씩 돌아가며 들어갈 수 있는 곳이었습니다. 그런데 이 지성소로 들어가는 문이었던 휘장이 찢어졌습니다.

예수님이 십자가에서 죽으시는 그 순간 성소의 휘장이 위로부터 아래로 둘이 되어 찢어졌습니다. 무엇을 의미합니까? 이제 성소는 누구든지 들어갈 수 있는 곳이 되었다는 뜻입니다. 예수 그리스도의 대속의 죽으심을 통해서 이제는 누구든지 주님의 이름으로 거룩하신 하나님 앞에 나아갈 수 있는 길이 열렸습니다.

제 육시가 되자, 어둠이 세상을 덮었다고 하였습니다. 그 때 여호와의 사자, 예수 그리스도께서는 어둠과 빛의 사이에 서 계셨습니다. 그리고 빛의 문이 되셔서, 친히 그 생명의 문을 여셨습니다. 성소의 휘장이 둘로 나누어지게 하여 이것을 선포하셨습니다.

그래서 에베소서 2장 14절은 그리스도께서 중간에 막힌 담을 자기 육체로 허셨다고 말하고, 히브리서 10장 20절은 바로 이것이 육체로 친히 열어 주신 새로운 산 길이라고 말합니다.


예수님의 죽으심과 함께 우리가 또 하나 보아야 할 것은 누가복음 9장에 기록된 변화산 사건입니다. 9장 31절에서 영광 중에 엘리야와 모세가 예수님께로 나아옵니다. 그리고 예수님은 그 둘과 함께 대화를 나누시는데, 무엇에 관하여 말씀하십니까? 예루살렘에서 예수님이 별세하실 것에 관하여 말씀하시더라 라고 기록합니다.

여기서 "별세"는 헬라어로 엑소돈입니다. 테인 엑소돈 아우투. "그의 엑소도스"(His Exodus). 바로 출애굽, 탈출입니다.

예수님이 예루살렘에서 죽으신다는 그 죽으심의 역사가 이 세상에서 다른 세상으로 탈출한다는 뉴 엑소더스(New Exodus), 새로운 출애굽을 의미한다는 것입니다. 사망에서 영생으로 옮겨지는 출애굽을 말합니다. 구약 시대의 이스라엘 백성에게 있었던 출애굽은, 이제 예수 그리스도를 통하여 성취될 구속의 예표였던 것입니다.

따라서 예수님의 십자가 죽으심은 구약의 출애굽의 원형입니다. 대속을 위하여 죽으신 예수님의 이름으로 인하여 이제 죄인이 새로운 영생의 세계로 나아갈 수 있게 되었습니다.

그런데 예수님의 출애굽(별세)은 안일한 출애굽이 아니라, 고난의 출애굽입니다. 예수님이 십자가에 달려 그 참혹한 죽음의 고통을 통과하셨어야만 하는 고난의 출애굽입니다.

그리고 그 출애굽(탈출)은 승리의 출애굽입니다.

주님이 말씀하십니다.

"내가 하늘 나라에 가서 너희가 머물 곳을 예비하리리."

예수님이 죽음을 통하여 죽음의 역사, 죄의 역사를 승리하시고 승천하셔서, 하나님의 백성이 천국에서 살 곳을 예비하신다는 뜻입니다. 그래서 십자가의 출애굽은 승리의 출애굽입니다.

그런데 출애굽은 여기서 끝나지 않습니다. 단지 하나님의 원수를 무찌르고 승리하는 것에서 끝나는 것이 아니라, 영원세계에서 받을 영광을 선언합니다. 그것이 요한계시록 7장의 모습입니다. 이루 헤아릴 수 없는 수많은 백성이 흰옷을 입고 손에 종려 가지를 들고 하나님 보좌와 어린양 앞에서 큰 소리로 외쳐 찬양합니다.

"우리의 구원은 보좌에 앉으신 우리 하나님과 어린양에게 있도다."

이십사 장로들은 보좌 앞에 엎드려 면류관을 벗어서 경배하며, 하나님께 영광과 존귀와 권능을 돌려드립니다. 이 영광의 모습은 요한계시록 4장과 14장에도 나타납니다.

예수님의 십자가 역사는 고난과 승리와 영광의 출애굽입니다. 주님이 직접 행하시고, 직접 성취하시고, 직접 완성하신 출애굽, 죄와 사망으로부터의 탈출입니다.

예수님이 십자가에서 마지막 넷째로 우리에게 주시는 말씀은 생명의 주인이 누구이신가 입니다.

본문의 39-40절에서 예수님이 죽으시는 모습을 지켜 본 백부장이 고백합니다.

"이 사람은 진정 하나님의 아들이다."

십자가에 매달린 사람은 중력에 의해 체중이 아래로 쏠리면서 호흡장애를 일으켜 질식으로 죽게 됩니다. 그것이 십자가형입니다. 숨이 막혀 죽는 사람은 큰 소리를 지를 호흡과 힘이 없습니다. 그런데 예수님은 큰 소리를 지르시고 숨을 거두십니다.

백부장은 로마 장교로서 십자가형을 집행했던 사람입니다. 그는 십자가형을 당한 사람이 서서히 숨이 막혀서 고통스럽게 죽는 마지막 모습이 어떤지에 대해서 누구보다도 가장 잘 아는 사람이었습니다. 그런데 그 자리에서 백부장은 예수님이 큰 소리를 지르고 숨을 거두시는 것을 두 눈으로 보았습니다. 전혀 불가능한 모습이었습니다.

예수님이 스스로 자신의 생명을 내려놓으시는 것을 목
도한 것입니다. 죽임을 당하신 것이 아니라, 생명을 스스로
내려놓으시는 분의 모습을 보게 된 것입니다.

이를 내게서 빼앗는 자가 있는 것이 아니라 내가 스
스로 버리노라. 나는 버릴 권세도 있고 다시 얻을 권
세도 있으니, 이 계명은 내 아버지에게서 받았노라
(요 10:18).

생명을 스스로 내려놓으실 수 있는 분이 누구십니까? 하
나님이십니다. 생명의 주인이신 하나님뿐이십니다. 인간은
절대로 할 수 없는 모습입니다. 그래서 백부장은 옆에서
그 모습을 보고 고백합니다.
"이는 하나님의 아들이 틀림없도다."

요한복음 10장 17절에서 예수님이 말씀하십니다.
"내가 나의 목숨을 버리는 것은 그것을 내가 다시 얻기
위함이니, 이로 말미암아 아버지께서 나를 사랑하시니라."

예수님이 스스로 생명을 버리심으로 많은 사람의 생명을 얻게 하신 것입니다. 예수님은 하나님 아버지의 방법대로 십자가의 길을 걸어가셨습니다.

하나님의 공의를 만족시킬 수 있는 유일한 길은 완전한 사람의 피였습니다. 그래서 완전한 하나님이시며 동시에 완전한 사람이신 예수님이 그 길을 걸어가시길 순종하셨습니다. 강요에 의해서가 아니라, 자발적으로 우리 죄를 대신하여 십자가의 길을 걸어가는 대속제물 어린양이 되셨습니다.

그 예수님이 십자가에 달리셔서 자신의 죽으심을 통해서 우리에게 마지막 설교를 하십니다.

"내가 어둠을 이겼노라. 내가 빛을 너희들에게 남기노라. 내가 너희의 빛의 문이니라. 내가 양의 문이니라. 나를 통해서 영생의 빛으로 들어오라."

"너희가 거할 빛의 세계를 내가 마련하였노라. 죄악과 어둠과 죽음을 이기고 영광의 천국으로 내가 먼저 가노라. 나를 따라 영광의 천국으로 들어오라."

"나는 죽임을 당한 것이 아니라, 너희를 위하여 내가 나의 생명을 스스로 내려놓은 것이다. 나는 생명의 주인이다. 너희를 죽음 가운데서 살리고, 새 생명을 준 나 하나님이 너희에게 하는 말을 따르라.”

우리 주님께서 2천년 전 우리 죄의 모든 값을 대신 지불하시기 위하여 십자가에 오르셨습니다. 그리고 죽으시는 그 순간까지 하나님 아버지의 공의와 사랑과 은혜를 증언하셨습니다. 이분이 우리 주 예수 그리스도이십니다.

죽기까지 우리를 사랑하신 예수님이, 죽기 직전까지 우리에게 하나님의 말씀을 설교하십니다. 우리가 감히 표현할 수도, 설명할 수도 없는 그리스도의 십자가 죽으심의 의미를 예수님이 친히 알려 주십니다. 그리고 그 고통 가운데서 죽으시는 그 순간까지 생명의 내려놓으심으로 설교하십니다.

“내가 곧 길이요 진리요 생명이니, 나로 말미암지 않고는 아버지께로 올 자가 없느니라.”

우리도 죽기까지 하나님을 사랑해야 합니다. 우리의 호흡이 남아 있는 그 순간까지 예수 그리스도를 깊이 묵상

하고, 주님이 이미 승리하신 십자가 고난의 길을 염려하지 말고 담대함으로 걸어가야 합니다. 그리고 하늘 아버지의 품에 안기는 그 순간까지 예수님이 십자가에서 죽으심으로 선포하신 기쁜 복음의 소식을 전해야 합니다.

마라나타.

# 에필로그

**베드로와 마가의 대화.**

사도 베드로는 직접 보고 들은 예수님의 행적에 대하여 그의 "사랑하는 아들"이자 제자인 마가에게 들려 줍니다. 그리고 마가가 성령의 감동함을 받아 그 들은 것을 기록한 것이 마가복음입니다.

그래서인지 마가복음을 깊이 묵상하면 할수록 베드로의 눈과 마음에 새겨진 예수님의 마음과 베드로의 전인격에 스며든 예수님의 향기를 느낄 수 있습니다. 그리고 베드로에게서 그 깊은 감동의 현장을 전해 듣고 동일한 감격을 받은 마가의 모습을 그려 볼 수 있습니다.

자세한 설명이 필요할 때도 있지만, 때로는 침묵하는 것 외에 달리 말이나 글로 표현할 수 없었을 하나님 말씀의

깊이를 나누는 베드로와 마가의 대화가 이러하지 않았을
까 생각해 봅니다.

　베드로 사도가 마가에게 말합니다.


## 일.

　예수님과 함께 거라사인들이 사는 지방을 갔을 때였네.
우리는 그곳에 가기를 꺼려했지. 왜냐하면 그곳은 부정한
돼지를 키우는 아주 더러운 곳이었거든.

　바다를 건너 배에서 내리자마자 한 사람이 달려와서 예
수님께 절을 하며 큰 소리로 부르짖었네. 첫눈에 귀신 들
린 자임을 알았지. 그런데 이상한 것은 그 귀신 들린 자가
"나를 괴롭히지 마옵소서!"라고 말하는 것이었네. 갑자기

왜 그런 말을 하나 하고 이상하게 생각하며, 예수님과 그 귀신 들린 자와의 대화를 가만히 듣고 있었네.

그런데 갑자기 예수님이 그 자에게 "네 이름이 무엇이냐?"라고 질문하셨지. 귀신 들린 사람은 순순히 자신의 이름을 대더군. "군대"라고. 그때 나는 왜 예수님이 그 자에게 이름을 물으셨는지, 그리고 그 질문에 그 자는 왜 또 순순히 대답했는지를 알지 못했네.

그러나 후에 내가 알았네. 왕 중의 왕이신 예수님 앞에 항복할 수밖에 없던 귀신의 모습이었다는 것을.

오! 만왕의 왕이신 예수여!

이.

빌립보 가이사랴의 여러 마을을 다닐 때, 예수님이 우리에게 물으셨네. "세상 사람들이 나를 누구라고 하느냐?" 그래서 내가 크게 대답했지. "주는 그리스도이십니다."

나의 대답을 들으시고 주님은 자신이 머지않아 죽으시고 부활하실 것이라는 말씀을 하시더군. 그 말씀이 끝나자마자 나는 크게 반대했지. "그러면 안 됩니다. 우리가 예수님만 바라보며 살고 있는데, 주님이 죽으시다니요. 안 됩니다!" 그러자 주님이 나에게 "사탄아, 내 뒤로 물러가라!"고 큰 소리로 말씀하셨네.

나는 무척 놀랐네. '나를 사탄이라고 부르시다니. 나는 주님과 지금까지 동행한 제자인데, 내가 뭘 그렇게 잘못했기에 나를 사탄이라 부르시는 건가.' 순간 두렵기도 하고, 무척 서운하기도 했다네.

그러나 후에 내가 알았네. 예수님이 십자가에 달려 죽으시고, 부활하시고, 승천하신 다음에야 그 말씀의 의미를 깨달았네. 예수님은 나를 사탄이라고 부르신 것이 아니라, 나의 영안을 가리고 있었던 사탄을 꾸짖으시는 것이었음을.

나는 후에야 예수님의 마음을 알게 되었네. "너, 사탄은 나의 뒤로 와서 내 발꿈치를 물어라. 내가 너의 머리를 밟을 것이다. 그리고 내 사랑하는 제자 베드로를 괴롭게 하지 못하게 하리라."

마가! 나는 주님이 자신의 생명을 내려놓으시기까지 나를 사랑하시고 은혜를 베푸셨다는 사실을 나중에야 알게 되었네. 어느 누구도 측량할 수 없는 주의 은혜여!

오! 사랑의 예수여!

## 삼.

예수님이 야고보와 요한과 나만을 부르시더니 우리를 데리고 어느 높은 산에 올라가셨네. 그때 그곳에서 예수님의 놀라운 모습을 보았네. 여느 때처럼 허름한 차림의 모습이 아닌 영광스런 모습이었네. 감히 눈을 들어 바라 볼 수 없는 찬란한 영광의 모습이었네. 그런데 그뿐만이 아니었어. 거기에는 모세도 있었고 엘리야도 있었네. 그리고 하나님의 음성도 들었지.

나는 너무 좋아서 이 사실을 동료들에게, 아니 세상 사람들에게 어서 전하고 싶은 마음에 들떠 있었네. 얼마나 좋은가, 우리와 동행하시는 예수님이 정말로 하나님의 아들이시니 말일세. 조상 대대로 우리가 그토록 기다리던 메시아가 예수님이시라는 것을 이 두 눈으로 확실히 보았으니 얼마나 신나고 기뻤겠는가!

그런데 예수님은 우리가 그날 본 것을 "아무에게도 이르지 말라"고 명령하셨네. 이 일에 대하여 전하지 말라고 하셨네. 나는 도저히 이해할 수가 없었네. 큰 소리로 동네방네 돌아다니며 자랑을 하여도 부족할 이 사건에 대해서 왜 침묵해야 하는지를.

그러나 후에 내가 알았네. 예수님이 부활하시고 승천하신 후에야 알았네. 그리고 예수님의 부활과 승천하심과 다시 오심을 전하면서 더욱 깊이 깨닫게 되었네. 예수님을 나의 삶을 통하여 전인격으로 온전히 믿고 증거하지 못하는 것은 거룩하신 예수님의 이름을 함부로 헛되이 전하는 것과 같다는 예수님의 말씀이었다는 것을.

오! 거룩하신 예수여!


## 사.

언젠가 예수님이 많은 사람들에게 둘러싸여서 설교하실 때, 어린 아이들을 데리고 나오는 부모들을 보았네. 우리는 예수님이 설교하시고 가르치시는 일에 그 아이들이 방해가 될 거라 생각했네. 그래서 어린 아이들을 이런 자리에 데리고 오면 안 된다며 그 부모들을 꾸짖었지.

그때 그 아이들을 가슴에 안고 예수님이 이렇게 말씀하셨네. "누구든지 하나님의 나라를 어린 아이와 같이 받들지 않는 자는 결단코 들어가지 못하리라." 나는 도저히 이해할 수가 없었네. 아무 것도 모르고 부모 손에 이끌려온 저 어린 아이들에게 무슨 공로가 있다고 천국이 저들과 같은 자들의 것이라고 말씀하시는 지를.

그러나 후에 내가 알았네. 예수님을 모른다고 세 번씩이나 부인하고 낙심해 있는 나를 찾아오신 부활의 주님이 내 죄를 용서하여 주시고, 사도의 사명을 주실 때 내가 깨달았네. 천국은 얻는 것이 아니라, 거저 받는 것이라는 것을.

오! 은혜의 예수여!

오.

　어느 날 젊은 부자 청년이 예수님께 달려와 무릎을 꿇더니, 자신은 어릴 적부터 십계명을 다 지켰는데도 아직 천국에 갈 확신이 없다고 괴로워하며 고백했네. 그러면서 어떻게 해야 영원히 살 수 있는 천국에 갈 수 있냐고 묻더군.

　예수님은 "당신이 가지고 있는 전 재산을 팔아 가난한 자에게 나누어 주고, 나를 따르시오"라고 하셨네. 그러자 그 말을 들은 청년은 슬픈 기색을 띠며 예수님을 떠났다네. 나는 예수님이 왜 그렇게 말씀하셨는지 이해할 수가 없었지. 부자는 천국에 갈 수 없다는 말씀일까?

　그러나 후에 내가 알았다네. 예수님은 그 부자 청년에게 "너의 하나님은 누구냐? 너의 하나님은 돈이냐 권력이냐,

아니면 너를 지으시고 부르신 하나님이냐?"라고 물으시는 것이었음을.

오! 창조주 예수여!


육.

예수님을 대적하던 대제사장들과 서기관들은 예수님을 없앨 방법을 백방으로 찾고 있었지. 게다가 헤롯당까지 바리새인과 함께 공개적으로 예수님을 곤경에 빠뜨려 죽이려고 했다네. "로마 황제에게 세금을 내야 되느냐 말아야 되느냐?"라는 질문으로 그들은 예수님을 공격했다네.

이에 예수님은 "가이사의 것은 가이사에게 하나님의 것은 하나님께 바치라"는 아주 간결한 대답을 하셨지. 나는 어리둥절했네. 너무 당연한 말이 아닌가. 세금은 로마 황제에게 내고, 십일조는 하나님께 드리라는 말씀이니 말일세.

이렇게 간단하게 대답하셔도 되는가 싶었는데, 예수님을 공격하러 온 무리들이 이 당연한 말을 듣고 놀라서는 아무 말도 하지 못하는 것을 보았네. 그때 나는 그들이 왜 놀랐는지, 왜 아무 말도 하지 못하는지 알지 못했다네.

그러나 후에 내가 알았네. 주님이 승천하시며 주신 명령을 따라 복음을 전하고 제자를 삼으며 알게 되었네. 예수님의 대답은 단순히 십일조나 헌금을 드리라는 것이 아니었다는 것을. 나의 생명이 그리고 그 자리에 있던 자들의 생명이 하나님의 것이라는 선포였음을. 예수님이 생명의 주인이시라는 선포였음을. 그리고 그 생명을 하나님께 드리라는 부르심이었다는 것을.

오! 생명의 주인이신 예수여!


## 칠.

예수님이 십자가에 달려 죽으신 날이었네. 나는 두려웠네. 예수님이 십자가에 달리신 모습을 보기가 두려웠지. 예수님을 모른다고 세 번씩이나 부인한 내가 감히 그 모습을 어떻게 볼 수 있었겠는가.

그러다 로마 군사들이 하는 말을 전해 들었네. 예수님이 큰 소리를 지르고 숨을 거두시는 모습을 본 백부장이 예수님은 하나님의 아들이라고 고백하였다는 소식을 들었네.

오! 전능하신 예수여!

죽기까지 우리를 사랑하신 예수님이
죽는 순간까지 우리에게 하신 말씀
너는 내 것이라

할렐루야

내 영혼아 여호와를 찬양하라.

나의 생전에 여호와를 찬양하며

나의 평생에 내 하나님을 찬송하리로다.

시편 146:1-2

마가복음 설교집

# 너는 내 것이라

초판 1쇄 발행 | 2014년 6월 25일

지은이 | 김진성
펴낸이 | 김영욱
발행처 | TnD북스

출판신고 제315-2013-000032호(2013. 5. 14)
서울특별시 강서구 수명로 2길 105, 518-503
대표번호 (02)2667-8290
홈페이지 www.tndbooks.com
이메일 tndbooks@naver.com

ISBN 979-11-950475-2-9 03230
ⓒ 김진성